DEIN ONLINE-PLUS

ZUM FiNALE ARBEITSBUCH

W0468176

FiNALEonline.de

FiNALEonline.de ist die digitale Ergänzung zu deinem Arbeitsbuch. Hier findest du eine Vielzahl an Angeboten, die dich zusätzlich bei deiner Prüfungsvorbereitung in Englisch unterstützen!

Das Plus für deine Prüfungsvorbereitung:

- Original-Prüfungsaufgaben mit Lösungen (bitte Code von S. 2 eingeben)
- Tipps zur Prüfungsvorbereitung, die das Lernen erleichtern
- Audiodateien zu den Hörverstehens-übungen (bitte Code von S. 2 eingeben)

Online-Grundlagentraining

Du hast noch Lücken aus den vorherigen Schuljahren? Kein Problem! Das Online-Grundlagentraining auf FiNALEonline.de hilft dir dabei, wichtigen Lernstoff nachzuarbeiten und zu wiederholen.
Und so funktioniert es:

Für das Fach Englisch stehen dir über 100 Aufgaben zu prüfungs-relevanten Grundlagen in kurzen Trainingseinheiten zur Verfügung.

Unser Tipp für Lehrerinnen und Lehrer: Nutzen Sie unsere vielfältigen Arbeitsblätter auch für Ihren Unterricht.

Für Lehrerinnen und Lehrer:
Die Lehrerhandreichung für den optimalen Einsatz der Arbeitsbücher im Unterricht zum kostenlosen Download!

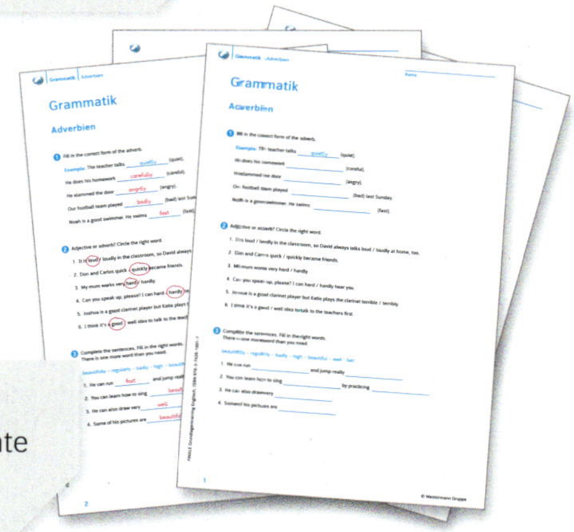

Du übst lieber auf Papier? Dann klicke auf „PDF“ und drucke dir die gewünschte Trainingseinheit einfach aus.

FiNALE Grundlagentraining Englisch

Das FiNALE Grundlagentraining ist die ideale Ergänzung zu diesem Arbeitsbuch. Es bietet eine große Auswahl an Materialien, mit deren Hilfe du prüfungsrelevantes Grundlagenwissen auffrischen und aktiv trainieren kannst.

Folgende Inhalte werden in diesem Band behandelt:

- umfangreiche Übungen zur Grammatik
- Hörverstehen (mit Audiodateien)
- Leseverstehen
- Schreiben
- Sprachmittlung (Mediation)
- Sprechen
- die wichtigsten Operatoren im Fach Englisch

Zu jeder Trainingseinheit gibt es anschauliche Lösungen.

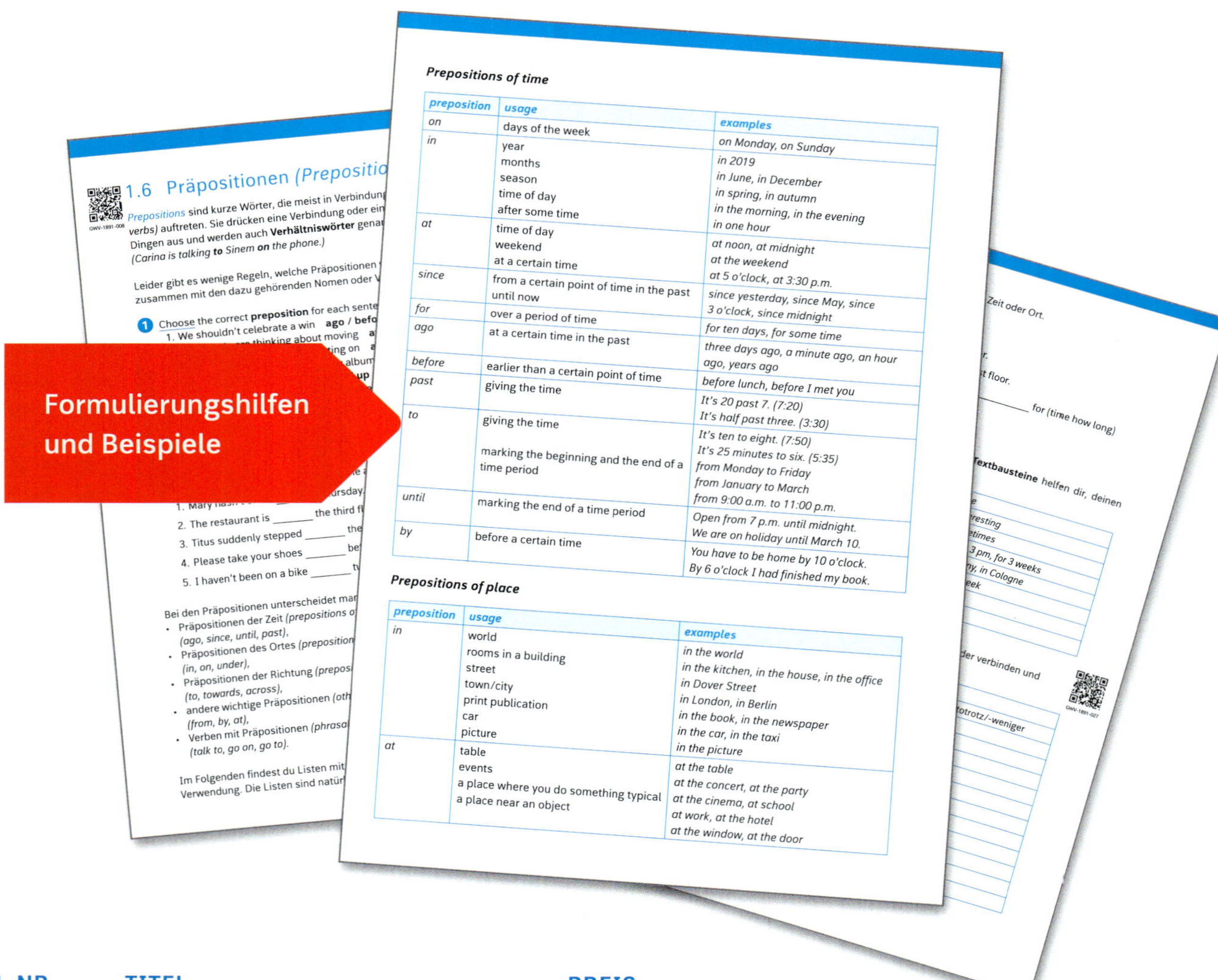

preposition	usage	examples
on	days of the week	on Monday, on Sunday
in	year months season time of day after some time	in 2019 in June, in December in spring, in autumn in the morning, in the evening in one hour
at	time of day weekend at a certain time	at noon, at midnight at the weekend at 5 o'clock, at 3:30 p.m.
since	from a certain point of time in the past until now	since yesterday, since May, since 3 o'clock, since midnight
for	over a period of time	for ten days, for some time
ago	at a certain time in the past	three days ago, a minute ago, an hour ago, years ago
before	earlier than a certain point of time	before lunch, before I met you
past	giving the time	It's 20 past 7. (7:20) It's half past three. (3:30)
to	giving the time marking the beginning and the end of a time period	It's ten to eight. (7:50) It's 25 minutes to six. (5:35) from Monday to Friday from January to March from 9:00 a.m. to 11:00 p.m.
until	marking the end of a time period	Open from 7 p.m. until midnight. We are on holiday until March 10.
by	before a certain time	You have to be home by 10 o'clock. By 6 o'clock I had finished my book.

preposition	usage	examples
in	world rooms in a building street town/city print publication car picture	in the world in the kitchen, in the house, in the office in Dover Street in London, in Berlin in the book, in the newspaper in the car, in the taxi in the picture
at	table events a place where you do something typical a place near an object	at the table at the concert, at the party at the cinema, at school at work, at the hotel at the window, at the door

BESTELL-NR.	TITEL	PREIS
978-3-7426-1891-7	FiNALE Grundlagentraining Englisch	13,95 €

FiNALE Grundlagentraining gibt es auch für die Fächer Deutsch und Mathematik.

westermann

FiNALE Prüfungstraining

Nordrhein-Westfalen

Hauptschulabschluss 2023

Englisch

FiNALEonline.de

Liebe Schülerin, lieber Schüler,

sobald die Original-Prüfungsaufgaben zur Veröffentlichung freigegeben sind, können sie unter **www.finaleonline.de** zusammen mit ausführlichen Lösungen kostenlos heruntergeladen werden. Gib dazu einfach diesen Code ein:

EN9s3Km

Einfach mal reinschauen: www.finaleonline.de

Autoren: Daniel Buck sowie Gerhard Adams und Detlef Kunz

westermann GRUPPE

Bildnachweis: |Feldhaus, Hans-Jürgen, Münster: 3.2, 12.1, 12.2, 14.1, 16.1, 45.1, 46.1, 61.1, 62.1, 77.1, 77.2, 91.1, 92.1, 103.1, 105.1, 115.1, 117.1. |iStockphoto.com, Calgary: BR4DY 106.1; coward_lion 47.1; Moser, Uwe 21.1. |Kumpe, Bettina, Braunschweig: 1.1, 3.1, 115.2, 117.2. |Peter Wirtz Fotografie, Dormagen: Titel. |Picture-Alliance GmbH, Frankfurt a.M.: Marius Becker/dpa 13.1, 127.1. |stock.adobe.com, Dublin: David Pereiras 4.1, 118.1; Joshua 83.1; Robert Daly/KOTO 13.2, 127.2.

Druck A[1] / Jahr 2022
Alle Drucke der Serie A sind im Unterricht parallel verwendbar.

Redaktion: lüra – Klemt & Mues GbR, Wuppertal
Kontakt: finale@westermanngruppe.de
Layout: LIO Design GmbH, Braunschweig
Umschlaggestaltung: Gingco.Net, Braunschweig
Umschlagfoto: Peter Wirtz, Dormagen
Druck und Bindung: Westermann Druck GmbH, Georg-Westermann-Allee 66, 38104 Braunschweig

ISBN 978-3-7426-**2301**-0

Was erwartet dich in diesem Buch?

Du bist in der 10. Klasse und vor dir liegt die Zentrale Abschlussprüfung, das große „Finale“.
Darauf will dich dieses Buch vorbereiten. Es gibt dir die Möglichkeit,

1. dich mit den Prüfungsaufgaben und ihren Anforderungen vertraut zu machen,
2. deine sprachlichen Möglichkeiten in den für die Zentrale Abschlussprüfung geforderten Bereichen zu erweitern.

In **Teil A** erhältst du Hinweise, wie du dich gezielt und sinnvoll auf die Prüfung vorbereiten kannst.
Dieser Teil führt dich in kleinen Schritten an die Aufgabentypen heran. Er zeigt dir, was für Aufgaben es gibt und wie du sie bearbeiten kannst.
Außerdem bekommst du Tipps und Hilfen dazu, wie du deinen Wortschatz erweitern kannst.

In **Teil B** findest du Prüfungsbeispiele. Sie sind genauso aufgebaut wie die Originalprüfungen.

- Am Anfang bekommst du noch viele Lösungshilfen. Sie zeigen dir, wie du die Aufgabe am besten lösen kannst und was du dabei beachten musst.
- Später gibt es weniger Lösungshilfen und zum Schluss gar keine mehr. Du lernst also, selbstständiger zu arbeiten.
- Auch die Themen der Prüfungsbeispiele sind die gleichen wie die der Zentralen Abschlussprüfung.
- Die letzte Prüfung im Buch ist die Originalprüfung aus dem Jahr 2021.

Die Originalprüfung für 2022 bekommst du im Internet, sobald sie geschrieben und zur Veröffentlichung freigegeben ist. Sie ist dann zu finden unter www.finaleonline.de und kann mit diesem Codewort heruntergeladen werden: EN9s3Km

Hast du noch Lücken aus den vorherigen Schuljahren? Dann empfehlen wir dir das FiNALE Grundlagentraining Englisch (ISBN 978-3-7426-1891-7). Es bietet prüfungsrelevantes Grundlagenwissen zum Nachschlagen und Üben. Ergänzend dazu findest du unter www.finaleonline.de/grundlagentraining ein kostenloses Online-Training bestehend aus interaktiven Übungsaufgaben und Arbeitsblättern zum Ausdrucken.

Im Lösungsheft kannst du nachschauen, ob du die jeweilige Aufgabe oder den jeweiligen Test gut gelöst hast. Du kannst sogar herausfinden, welche Note du für jeden einzelnen Test bekommen hättest.

Alle Übungen, zu denen es Audio-Dateien gibt, erkennst du an diesem Symbol: . Um die Audio-Dateien anzuhören, gib auf der Internetseite www.finaleonline.de diesen Code ein: EN9s3Km

In diesem Arbeitsbuch findest du neben den Texten Schreibraum für wichtige vorbereitende Notizen.
Manchmal musst du deine Texte auf einem Extrablatt anfertigen.

Du solltest von Anfang an auf die Zeit achten, wenn du an den Prüfungsaufgaben arbeitest.
Schau also auf die Uhr (siehe Checkliste Seite 43)! Es ist nämlich wichtig, dass du ein Gefühl für die Zeit bekommst, damit du in der Abschlussprüfung keine Probleme hast.

Bestimmt fühlst du dich nach der Bearbeitung dieses Buches sicher für das „Finale“.
Ich wünsche dir für die Prüfung viel Erfolg.

Die Autoren

Teil A Vorbereitung auf die Abschlussprüfung

1 Was wird in der „Zentralen Prüfung 10“ (ZP 10) erwartet?

Die „Zentrale Prüfung 10“ (ZP 10) ist eigentlich wie eine Klassenarbeit – und mit Klassenarbeiten hast du ja schon eine Menge Erfahrung. Einen wichtigen Unterschied gibt es aber: Dein Lehrer oder deine Lehrerin entwirft und bewertet eine Klassenarbeit. Sie möchten wissen, wie gut du den Unterrichtsstoff der letzten Wochen beherrschst.

Die ZP 10 wird nicht von deinem Lehrer oder deine Lehrerin entworfen, sondern von Menschen, die dich, deine Klasse, deine Schule und deinen Englischunterricht gar nicht kennen können. Sie möchten herausfinden, wie gut du Englisch kannst. Dazu haben sie zunächst einmal im so genannten „Kernlehrplan“ festgehalten, was ein Schüler am Ende der Klasse 10 eigentlich können müsste – und jetzt stellen sie eben fest, wie das bei dir ist.

1.1 Der Kernlehrplan

Was ein Schüler der Klasse 10 im Fach Englisch eigentlich können müsste, ist also im „Kernlehrplan“ festgelegt. Vieles von dem, was dort aufgeschrieben ist, wird dir wenig sagen – der Kernlehrplan ist ja auch eher dazu gedacht, dass deine Lehrerinnen und Lehrer wissen, was sie unterrichten müssen.

Damit du dich richtig auf die ZP 10 vorbereiten kannst, kann es dir aber vielleicht doch helfen, wenn du ein wenig darüber weißt, wie der Kernlehrplan aufgebaut ist. Die Frage, wie gut du Englisch können sollst, ist im Kernlehrplan nämlich unterteilt in die folgenden vier Fragen:

- Wie gut musst du Englisch lesen können (Leseverstehen)?
- Wie gut musst du Englisch hören können (Hörverstehen)?
- Wie gut musst du Englisch schreiben können?
- Wie gut musst du Englisch sprechen können?

Es geht also weniger um dein Wissen (wie z. B.: Auf welcher Straßenseite fahren die Autos in England? Oder: Wer ist Staatsoberhaupt der USA?), sondern darum, wie gut du Englisch hören, lesen, sprechen und schreiben kannst. Und genau das will die ZP 10 feststellen.

INFO Was überprüft die ZP 10?

Die ZP 10 überprüft, wie gut du
- **lesen**,
- **hören** und
- **schreiben** kannst.

1.2 Die Vorgaben

Die Themen für die Prüfung werden jedes Jahr neu festgelegt. Für das Jahr 2023 wurde festgelegt, dass sich die Themen auf Großbritannien und Neuseeland beziehen.
Wenn man im Kernlehrplan nachliest, findet sich dort eine auf den ersten Blick lange Liste von Themen. Davon solltest du dich jedoch nicht abschrecken lassen. Es sind nämlich genau die Themen und Inhalte, die du in den vergangenen Jahren im Unterricht bearbeitet hast.
Du brauchst dir also keine großen Sorgen zu machen. Wenn du die Beispieltests durcharbeitest, wirst du sehen, dass du gar nicht so viel über Neuseeland und Großbritannien wissen musst.

TIPP zu den Themen

Die Themen beziehen sich auf **Großbritannien** und **Neuseeland**.

Es geht um typische Lehrbuchthemen:
- Freizeit, Freundschaft, Liebe
- Schule
- Gesellschaft (Umwelt, Menschenrechte, ...)
- Berufswahl
- Medien

1.3 Zum Aufbau der ZP 10

Du kannst dir sicher vorstellen, dass es sehr schwierig wäre, alle Schülerinnen und Schüler des 10. Jahrgangs aller Schulen in NRW mündlich zu prüfen. Dieses Problem haben die Tester bisher auch noch nicht lösen können. Ein Glück für dich, denn du hast es deshalb „nur“ mit den Bereichen Hörverstehen, Leseverstehen, Wortschatz und Schreiben zu tun.

INFO Zeitvorgaben für die Prüfung

Die Prüfung besteht aus zwei Teilen.

Im **ersten** Teil wird das Hörverstehen überprüft. Er ist 20 Minuten lang. Dazu gibt es zwei Aufgaben mit entsprechenden Hörtexten. Bevor du die Texte das erste Mal hörst, hast du Zeit, dir die Aufgabenstellung anzusehen. Du kannst jeden Text zweimal hören.

Der **zweite** Teil der Prüfung trägt die Überschrift „Leseverstehen – Wortschatz – Schreiben“. Dafür hast du 70 Minuten Zeit. Du solltest dir die Zeit hier besonders gut einteilen, denn du musst mehrere Aufgabenbereiche abdecken.

Teil I
Hörverstehen 20 min

Teil II
Leseverstehen – Wortschatz – Schreiben 70 min

Die **Aufgaben zum Lesetext** sollen zeigen, ob du den Text insgesamt verstanden hast. Manchmal handelt es sich um ***matching***-Aufgaben, bei denen du z. B. jedem Absatz die richtige Überschrift zuordnen musst. Außerdem gibt es ***Multiple-Choice***- oder ***true-or-false***-Aufgaben.

TIPP zur Zeiteinteilung für den zweiten Prüfungsteil

Wenn du etwas anderes als Schreibzeug zur Prüfung mitbringen sollst, z. B. eine Lektüre, sagt dein Englischlehrer oder deine -lehrerin dir das im Vorfeld. Dann solltest du unbedingt daran denken, diese mitzubringen.

Für die **Schreibaufgabe** solltest du etwa 30 Minuten einplanen, wenn möglich sogar etwas mehr. Das bedeutet, dass du die restlichen 10 Minuten für den Wortschatzteil verwendest. Es kann sein, dass du etwas mehr Zeit für den Wortschatzteil brauchst.

Im Wortschatzteil musst du zwei Aufgaben lösen. Hier will man sehen, wie groß dein Vokabelwissen ist und wie gut du damit umgehen kannst. Dazu gibt es oft ***gap-filling***-Aufgaben, bei denen du die richtige Lösung eintragen musst, möglicherweise aber auch ***matching***-Aufgaben oder etwa Listen.

In der **Schreibaufgabe** sollst du zeigen, dass du einen zusammenhängenden Text schreiben kannst. Dazu bekommst du einen „Ausgangstext". Das ist wahrscheinlich ein Brief oder eine E-Mail von einem englischsprachigen Schüler oder einer Schülerin, der oder die dir mehrere Fragen zu einem Thema stellt und dich um eine Antwort bittet. Genaueres zur Schreibaufgabe und dem cleveren Umgang damit erfährst du im Kapitel A 5 „Schreiben" (S. 32).

INFO Aufgabentypen
Hören und Lesen

Zur Überprüfung des Hör- und Leseverstehens werden in der Regel folgende Arten von Aufgaben verwendet:
- *Multiple choice*
- *True or false*
- *Gap filling*
- *Matching*
- *Short answers*

INFO Aufgabentypen
Wortschatz und Schreiben

Zur Überprüfung deines Wortschatzes und deiner Schreibfähigkeit werden dir in der Regel drei Aufgaben gestellt:
- zwei Wortschatzaufgaben
- eine Schreibaufgabe

1.4 Zum Aufbau dieses Buches

Dieses Arbeitsbuch wird dir dabei helfen, dich mit den Anforderungen vertraut zu machen und dich gezielt auf die Prüfung vorzubereiten.

In Teil A wirst du dich intensiv mit den vier für die Prüfung wichtigen Bereichen Hörverstehen, Leseverstehen, Wortschatz und Schreiben beschäftigen. Du wirst auch Übungen finden, die dir helfen, dich in diesen Bereichen zu verbessern.

Außerdem erfährst du, wie die Prüfung bewertet wird und wie du dir am besten die Zeit einteilst.

TIPP

Achte schon bei den Übungstests auf die Zeiteinteilung!
Es macht nichts, wenn du am Anfang noch länger brauchst.

In **Teil B** folgen Testaufgaben, in denen du deine Fähigkeiten erproben und üben wirst. Du wirst feststellen, wo du dich sicher fühlen kannst und woran du eventuell noch arbeiten solltest.

Am Anfang jedes Übungstests findest du eine Checkliste. Sie sagt dir, wie viel Zeit du einplanen musst und welche Materialien du brauchst. Deshalb solltest du sie beachten. Außerdem sollst du selbst überlegen, wie viel Zeit du für jeden Aufgabenbereich brauchen wirst. Wenn du mit dem Test fertig bist, solltest du kontrollieren, ob deine Zeitplanung richtig war. Es ist ganz wichtig, dass du die Zeitplanung und -einteilung trainierst, damit du in der richtigen Prüfung nicht in Zeitnot gerätst.

Bei jeder Aufgabe kannst du im **Lösungsheft** überprüfen, wie gut du damit klargekommen bist. Solange du in Teil A arbeitest, ist es sinnvoll, nach jeder Aufgabe abzugleichen. Wenn du die Tests in Teil B übst, solltest du warten, bis du mit dem jeweiligen Prüfungsteil fertig bist. Am besten ist es, wenn du die Lösungen erst dann kontrollierst, wenn du den ganzen Test bearbeitet hast.

Natürlich könntest du auch in den Lösungsteil schauen, **bevor** du die Aufgaben löst, aber dann würdest du dich selbst betrügen. Schließlich hast du dir dieses Buch gekauft, weil du lernen und üben willst, wie du besser durch die Prüfung kommst. Schummeln hilft da nicht.

Nach den Übungstests 1–5 findest du eine Auswertung. Wenn du sie schrittweise durchgehst, kannst du deinen Test selbst bewerten und du erfährst, welche Note du bekommen hättest. Damit weißt du ziemlich genau, wo du stehst, was du kannst und was du noch üben solltest.

Am Ende steht die Originalprüfung aus dem Jahr 2021. Wenn du dieses Buch gründlich durchgearbeitet hast, wird das kein Problem sein – und du bist fit für die ZP 10.

2 Hörverstehen

2.1 Keine Panik!

Viele Schülerinnen und Schüler fühlen sich unwohl, wenn sie Übungen zum Hörverstehen bearbeiten müssen. Das ist verständlich, denn man muss sich auf Sprecher einstellen, die man vorher noch nie gehört hat. Deshalb ist es wichtig zu wissen, dass alle Sprecher Muttersprachler sind. Sie bemühen sich um eine klare Aussprache und ein angemessenes Tempo. Sie wissen eben, dass ihre Zuhörer Schüler sind, die Englisch als Fremdsprache lernen.

2.2 Goldene Regeln

1. Wichtig ist, dass du eine Vorstellung davon hast, worum es im Hörtext wahrscheinlich gehen wird. Das **Thema** kannst du meistens schon aus der Überschrift ablesen. Die Aufgabenstellung macht es dann noch klarer für dich.

2. Lies dir die **Aufgabenstellung** genau durch und finde heraus, worauf du achten musst, **bevor** du den Text zum ersten Mal hörst. Das ist wichtig, weil du jeden Hörtext in der Prüfung nur zweimal hören wirst und nicht wie bei einem Lesetext später nachlesen kannst.

TIPP Fehler korrigieren

Vielleicht ist es besser, wenn du zuerst einen Bleistift benutzt. Dann ist es einfacher, Fehler zu berichtigen. Wenn du fertig bist, kannst du deine Antworten schnell mit dem Füller nachschreiben.

3. Es macht nichts, wenn du einzelne Wörter nicht erkennst. Konzentriere dich auf die Dinge, die du brauchst.

4. Wenn du eine Frage nicht beantworten kannst, lass sie aus und höre weiter, sodass du den Anschluss nicht verlierst. Wenn der Text zum zweiten Mal läuft, kontrolliere, ob deine Antworten richtig sind, und konzentriere dich ganz besonders auf die Aufgaben, die du noch nicht gelöst hast.

5. Lass keine Aufgabe aus, schon gar nicht bei Multiple-Choice-Aufgaben. Nutze deinen gesunden Menschenverstand, und wenn du wirklich nicht weiterweißt (und nur dann!), spiele einfach Bingo. Vielleicht hast du ja Glück!

Wir gehen aber davon aus, dass du dich nicht auf das Glück verlassen musst, denn schließlich bietet dir dieses Buch Strategien und Übungsmöglichkeiten, um gut durch die Prüfung zu kommen.

CHECKLISTE zum Hörverstehen

- Was ist das Thema?
- Was sollst du herausfinden?
- Du musst nicht alles verstehen.
- Kontrolliere beim zweiten Hören die Antworten und fülle Lücken aus.
- Verschenke keine Punkte!

2.3 Aufgabentypen

In der Regel wirst du dazu aufgefordert, von mehreren möglichen Lösungen die richtige anzukreuzen (Multiple-Choice-Aufgabe) oder eine Frage mit wenigen Worten zu beantworten (*short answer*). Andere Möglichkeiten sind, dass du Informationen richtig zuordnen sollst (*matching*) oder vielleicht einen Lückentext füllen sollst (*gap filling*).

Solche Aufgaben sind dir sicherlich nicht neu. Aber Vorsicht: Lass dich nicht täuschen! Oft sind die Antwortmöglichkeiten bei Multiple-Choice- oder *matching*-Aufgaben so ähnlich, dass man leicht etwas Falsches ankreuzt, wenn man nicht genau hinschaut. Also: Ruhe bewahren und die Antwortmöglichkeiten genau lesen, bevor du etwas ankreuzt oder einträgst!

INFO mögliche Aufgabenstellungen

- **Multiple choice:** Tick the correct box for each task.
- **Gap filling:** Fill in the missing information. Or: Complete the statements.
- **Matching:** Choose the right heading for each paragraph. Or: Find the right statement for each person.
- **Short answers:** Answer the questions with a few words.

2.4 Die drei Hörverstehensarten

Man unterscheidet **drei verschiedene Arten von Hörverstehen**:
- selektives Verstehen
- globales Verstehen
- detailliertes Verstehen

Selektives Verstehen
Wenn du am Bahnhof stehst und eine Ansage hörst, interessiert dich das meiste davon nicht. Es sind Geräusche, die du zwar „hörst", aber eben nicht bewusst aufnimmst. Hörst du aber etwas, was die Abfahrtszeit deines Zuges betrifft, nimmst du diese Information mit Absicht auf, um zu erfahren, ob der Zug pünktlich sein wird. Du „selektierst", wählst also aus, was dich interessiert und was nicht.

Meist wirst du in eine Situation versetzt, in der du eine Ansage (etwa auf Bahnhöfen, Flughäfen, in Kaufhäusern) oder auch einen Wetterbericht hörst. Darin sind mehrere Informationen enthalten.

TIPP three steps

Step 1:
Lies die Aufgabenstellung genau, um die Situation zu verstehen.
Step 2:
Mach dir klar, nach welcher Information im Hörtext du suchen sollst.
Step 3:
Überleg dir, welche Begriffe du im Zusammenhang mit dieser Information erwartest.

Wenn du die Aufgabenstellung genau liest, weißt du auch genau, um welche Situation es sich handelt und nach welchen Informationen du in dem Hörtext suchen sollst. Wenn dir das klar ist, dann kannst du auch Schlüsselwörter benennen. Auf diese Schlüsselwörter musst du achten, denn sie können dir bei der Lösung der Aufgabe helfen.

Versuch dies einmal an folgendem Beispiel:

Beispiel 1: Track 1

A weather forecast

You are on holiday in eastern Ireland. There will be a barbecue tonight if the weather is good. You are going to hear a weather forecast.

Step 1: Was weißt du über die Situation?

eastern Ireland, barbecue tonight, weather forecast

Step 2: Was sollst du herausfinden?

Will the weather be good enough for a barbecue?

Step 3: Auf welche Begriffe musst du achten?

Ireland, east, sunny, dry, cloudy, wet, rain, showers, wind, temperature

Wenn du dir jetzt das Hörbeispiel anhörst, wird es dir nicht schwerfallen, die folgende Aufgabe zu bewältigen:

- Decide which statement is correct. Tick only **one** box.

What the weather will be like:

a) It will be mainly dry with patchy clouds in Ireland. ☐
b) There will be some rain and later broken clouds in the east of Ireland. ☐
c) It will be sunny in Ireland. ☐

Mit dem nächsten Beispiel kannst du dies jetzt selbst versuchen.

Beispiel 2: Track 2

Travelling by train

You want to travel to Ramsgate by train. Your train should leave at 17:52.
Listen to the following announcement to find out about your journey.

Step 1: Wo bist du und was weißt du?

____

Step 2: Was sollst du herausfinden?

____

Step 3: Auf welche Begriffe musst du achten?

____

- Tick the correct answer.

The train leaves from platform ...

a) 2. ☐
b) 3. ☐
c) 1. ☐

How will you get to Ramsgate?

a) The train goes directly to Ramsgate. ☐
b) The train is late and you will miss your connecting train from Margate to Ramsgate. You will have to wait for the next train. ☐
c) There is no train from Margate to Ramsgate. You will have to take the bus. ☐

LÖSUNGSHILFEN

Step 1: at the station, train to Ramsgate, leaves at 17:52
Step 2: Which platform?
Direct train or change?
Train late?
Bus or train from Margate to Ramsgate?
Step 3: Ramsgate, platform number, direct, change, late, on time, Margate, train, bus

Lass dich nicht durch die vielen Details verwirren. Du weißt ja aus der Aufgabenstellung, auf welche Wörter (z. B. Ortsnamen) du dich konzentrieren musst: Ramsgate und Margate.

Du siehst: Wenn du die ***three steps*** anwendest, fällt die Lösung der eigentlichen Aufgabe gar nicht mehr so schwer.

Globales Verstehen

Bei dieser Form des Hörverstehens sollst du zeigen, dass du den Hauptgedanken eines Hörtextes oder einzelner Aussagen erfassen kannst. Auf Details kommt es gar nicht so sehr an.

In der Regel musst du hier eine Zuordnungsaufgabe lösen. Du musst also Sätze oder Aussagen den Texten zuordnen. Du solltest dir die Aussagen genau anschauen, denn sie geben dir Hinweise zu den verschiedenen Situationen.

INFO globales Verstehen

Hier geht es ums grobe Verständnis, nicht um Details!

Beispiel 3:

Track 3

News

You are going to hear six news items.

- Read the news headlines.

a) Horse jumping show in Clifton Park – tickets available soon
b) Tomorrow's weather will be mixed
c) Four injured in an explosion at steel works
d) Start of 'Round Britain Race' with 70 boats
e) Free Jamaica trip leads to run on apple juice
f) Scientists say: Seven hours sleep for adults

TIPP

Denk daran: Du musst hier keine Einzelheiten verstehen, sondern nur die Texte zuordnen!

Wenn du die Überschriften gelesen hast, musst du erst einmal überlegen, worum es gehen könnte. Was für eine Art Information erwartest du? Das ist meistens nicht schwer.

Außerdem suchst du nach Schlüsselwörtern. Diese solltest du markieren. Erwarte nicht unbedingt, dass genau diese Wörter auftauchen. Manchmal werden andere Wörter verwendet, die sinngemäß das Gleiche bedeuten.

TIPP

Markiere Schlüsselwörter!

Nun probiere es einmal aus:

a) Es geht also um ein Event, bei dem Pferdesport für Zuschauer zu sehen ist.

Schlüsselwörter: horse jumping, Clifton Park, tickets

b) ______

Schlüsselwörter: ______

c) ______

Schlüsselwörter: ______

d) ______

Schlüsselwörter: ______

e) ______

Schlüsselwörter: ______

f) ______

Schlüsselwörter: ______

LÖSUNGSHILFEN

b) Das Wetter, also der Wetterbericht, scheint nicht eindeutig gut oder schlecht, sondern ein bisschen von allem zu sein
Schlüsselwörter: *weather*, *mixed*

c) Vier Personen sind bei einem Arbeitsunfall verletzt worden.
Schlüsselwörter: *injured*, *explosion*, *steel works*

d) Ein Bootsrennen ist gestartet worden.
Schlüsselwörter: *race*, *boats*

e) Viele Menschen kaufen Apfelsaft, weil dabei ein freier Jamaikaurlaub gewonnen werden kann.
Schlüsselwörter: *free trip*, *(a) run on*, *apple juice*

f) Sieben Stunden Schlaf sind genug laut neuer wissenschaftlicher Erkenntnisse. Dabei wird besonders der Bezug auf Erwachsene genommen.
Schlüsselwörter: *scientists*, *seven hours sleep*, *adults*

Lagst du richtig mit deinen Vermutungen?
Nun versuche dich an der eigentlichen Höraufgabe:

- Find the correct headline for each news item.
- Put the headlines in the right order (numbers 1 – 6)

a) Horse jumping show in Clifton Park – tickets available soon ____________

b) Tomorrow's weather will be a mixed bag ____________

c) Four injured in an explosion at steel work 1 ____________

d) Start of 'Round Britain Race' with 70 boats ____________

e) Free Jamaica trip leads to run on apple juice ____________

f) Bristol scientists say: Seven hours sleep for adults ____________

Es könnte sich jedoch auch um eine **Multiple-Choice-Aufgabe** handeln. Die würde bei demselben Hörtext etwa so aussehen:

- Read the statements.
- Decide which of them is true and tick the correct box.
- Tick only **one** box.

1. Seven hours of sleep keeps adults more healthy and …
a) teenagers need up to nine hours.
b) teenagers need less than adults.
c) teenagers also need seven hours.

2. Tomorrow's weather will be …
a) stormy and rainy.
b) rainy and sunny.
c) very warm and sunny.

Detailliertes Verstehen

Wie es der Name schon sagt, geht es beim detaillierten Verstehen darum, mehrere Detailinformationen zu erkennen. Der Text ist in der Regel ziemlich lang. Deshalb musst du dich hier sehr lange konzentrieren. Das ist wahrscheinlich die schwierigste Höraufgabe. In der Prüfung wird der Hörtext deshalb manchmal in zwei Abschnitte eingeteilt.

TIPP

Die Fragen werden immer in der Reihenfolge gestellt, wie die Informationen im Text vorkommen.

Als Aufgabentypen musst du hier *gap filling*, Multiple-Choice-Aufgaben oder *short answers*-Aufgaben erwarten. Vielleicht sind sie auch alle dabei – wie in der Beispielaufgabe. Lass dich dadurch nicht verunsichern, denn du kannst ja mit allen Aufgabentypen schon gut umgehen.

Gerade bei dieser langen Höraufgabe ist es wichtig, dass du Ruhe bewahrst und nicht in Panik gerätst. Denk daran: Jeder Punkt zählt! Wenn du also eine Frage nicht beantworten kannst, höre weiter und konzentriere dich auf die anderen Fragen.

Die ***three steps*** gelten natürlich auch hier. Sieh dir also die Fragen genau an. Überlege, was du schon weißt, welche Art von Informationen und welche Vokabeln du erwartest. Markiere auch Schlüsselwörter.

Beispiel 1: **Track 4**

Climate change

You are going to hear a short text about "climate change". New Zealand can already see negative results of climate change on their coasts.

- First read the questions.
- Then listen to the text.
- There is only one correct answer per question.

1. Climate change is a worrying thing for our planet.
a) true ☐
b) false ☐

2. Many scientists say it is ____.

3. Climate change is ...
a) not often in the news. ☐
b) changing the earth forever. ☐
c) something people like to talk about. ☐

4. Because of climate change ...
a) many species are returning. ☐
b) the Antarctic has become a tourist attraction. ☐
c) the Arctic and Antarctic ice caps are melting. ☐

5. Our weather is changing so places are getting ______________________________.

6. We need to be active so that climate change does not ________________________ us.

7. Greenhouse gases ...
a) cool the planet. ☐
b) change the climate. ☐
c) are not important. ☐

8. Simple things can help.
a) true ☐
b) false ☐

LÖSUNGSHILFEN

Was du erwarten kannst:
1. Good or bad?
2. Dangerous or harmless?
3. Only important now or also in future?
4. Helping or harming nature?
5. temperature change
6. a negative word or expression, something bad
7. Think about it: Would you like to live in a greenhouse?
8. Think of something easy to help the climate.

Nun versuche, die Aufgaben zu lösen. Hoffentlich fallen sie dir nicht so schwer!

3 Leseverstehen

An Leseaufgaben gehst du ähnlich heran wie an Aufgaben zum Hörverstehen. Allerdings hast du hier zwei echte Vorteile: Erstens hast du den Text vor dir und kannst ihn mehrmals durchlesen, und zweitens bist du den Umgang mit Lesetexten gewohnt, denn das hast du schon oft im Unterricht geübt.

3.1 Frage dein Vorwissen ab

Angenommen, dir liegt ein Text vor mit dem Titel „Boomerang". Du siehst zum Beispiel, dass es sich um einen Text aus Wikipedia handelt. (Die Quelle findet man meistens unter dem Text.) Auf einen Blick weißt du, worum es in dem Artikel geht. Du erwartest eine Beschreibung dieses Gerätes.

Du kannst nun überlegen, was du alles schon über einen Bumerang weißt. Es fällt dir dann beim Lesen leichter, das schon Bekannte auch in der Fremdsprache zu verstehen.

Als nächsten Schritt kannst du überlegen, welche englischen Begriffe du in diesem Zusammenhang schon kennst oder in dem Text erwartest, z. B. *wood*, *stick*, *weapon*, *throw*, *come back*.
Dein Vorwissen und deine Überlegungen können dir helfen, einen Text besser zu erschließen.

Oft sind die Texte zum Leseverstehen nicht ganz einfach. Es gibt sicher Wörter, die du nicht kennst. Lass dich dadurch nicht verunsichern.

Nun versuche es einmal selbst:
Stelle dir vor, du bekommst als Prüfungsaufgabe einen Text mit dem Titel „Farmer".

1. Worum geht es deiner Ansicht nach in dem Text?

   ___

   ___

   ___

2. Was weißt du schon zu diesem Thema?
   Notiere stichwortartig.

   ___

   ___

   ___

3. Welche englischen Wörter könnten im Text vorkommen?
   Notiere sie.

   ___

   ___

TIPP Vorwissen aktivieren

Bevor du anfängst zu lesen, kannst du dich auf den Text vorbereiten:

1. Lies die Überschrift und alle weiteren Angaben zum Text. Worum geht es?
2. Wenn dir das Thema klar ist, überlege, was du darüber schon weißt.
3. Überlege dir, welche Wörter in diesem Text vorkommen könnten.

TIPP

Das, was du hier zum Training notierst, musst du so automatisieren, dass es in Zukunft auch ohne Aufschreiben in deinem Kopf abläuft.

Farmer

1.
A farmer works in agriculture, growing foodstuffs like corn or potatoes or raising livestock like sheep or cattle. Farmers usually do a combination of these activities.

2.
A farmer might own the farmland or rent it from a landowner. She or he promotes or improves the growth of plants/crops, etc. or raises animals such as livestock or fish.

3.
Many farmers only raise specific animals. Those who raise livestock such as cattle, sheep, goats, or horses are known as ranchers in the USA. The term dairy farmer is used for those who work primarily in milk production.
A poultry farmer is someone who concentrates on raising chickens, turkeys or ducks.

4.
You don't necessarily need a university degree or even very good school results to be a farmer, but you must be able to read, write and calculate and you must know a lot about crops, plants and animals. You need to be able to organize and manage the farm, plant and harvest crops, and take care of animals, providing them with food and keeping the farm buildings and equipment in good condition.

4. Überprüfe, ob du bei Frage 1 auf Seite 18 richtig vermutet hast.

3.2 Aufgabenstellung beachten

Auch hier gilt, dass du nicht jedes einzelne Wort kennen musst. Selbst ein schwieriger, für dich unverständlicher Satz bedeutet nicht, dass du die Aufgabe nicht lösen kannst. Lies dir die Aufgabenstellung genau durch und finde heraus, worauf du achten musst, bevor du den Text zum ersten Mal richtig liest.

Wie schon erwähnt, wirst du es vielleicht mit einer *matching*-Aufgabe zu tun haben, bei der du z. B. jedem Absatz die richtige Überschrift zuordnen musst. Es könnte sich jedoch auch um Multiple-Choice- oder *true-or-false*-Aufgaben handeln. Manchmal sollst du entscheiden, ob eine Aussage richtig oder falsch ist und zusätzlich eine Begründung geben. Dann steht dort: „because the text says". Du sollst diesen Satz dann beenden. Im Text findest du die Informationen dazu.

TIPP Belohne dich!

Setz dir ein + oder einen ☺, wenn du die Aufgabenstellung gelesen und verstanden hast.

TIPP Aufgabentypen

Wenn du dir nicht mehr sicher bist, was diese Begriffe bedeuten, schau noch einmal im Kapitel A 2.3 „Aufgabentypen" (S. 11) nach.

Versuche nun, die folgende *matching*-Aufgabe zum Text „Farmer" zu lösen.

- Find the right heading for each paragraph and write the number of the paragraph in the box.
- Be careful! There are two more headings than paragraphs.

Headings

What is a farmer?	
Why become a farmer?	
What is the job of a farmer?	
Types of farmers	
Qualifications of a farmer	
The future of farming	

TIPP Schritt für Schritt

- Fang mit den Überschriften an, bei denen du dir sicher bist.
- Suche nach Schlüsselwörtern und -begriffen und markiere sie im Text.

Nun folgt ein weiteres Übungsbeispiel. Versuche das anzuwenden, was du soeben gelernt hast. Bevor du dir die Aufgabenstellung ansiehst, frage wieder dein Vorwissen ab.

Waitangi – a bittersweet National Day

New Zealand is a country shaped by two different groups of people: the Maori, who were the first people to live in New Zealand, and the European settlers (called Pakeha by the Maori) who came to the islands much later and made them part of the British Empire. On 6th February 1840, the Maori and British signed the Treaty[1] of Waitangi, which made it possible for the country to be united. With this treaty, the Maori recognized British power over their lands in exchange for living on their land peacefully. Although Waitangi Day is now celebrated as a national holiday, Maori and Pakeha did have their troubles in the past. The Maori understood the treaty as holy and felt strongly about their rights and lands. The European settlers, however, had a different interpretation of the treaty and ignored many parts of it. More than a century later the Pakeha began to understand this as a problem. They started to give back Maori land and created a memorial at Waitangi as the place where modern New Zealand was "born".

Waitangi is around 3 hours north of Auckland by car, but in order to see the whole February 6th celebration, you'd better travel there the day before. Not only because the roads get easily blocked by all the other visitors, but also because the celebration starts early in the morning with the "dawn service" at 5 am. After that visitors and participants have breakfast together.

Although a festival feeling is created with different kinds of music and food, as well as market stalls offering amazing art and crafts and clothing, the main attraction is the procession of Maori boats to the water. These long, traditional waka made of wood leave the bay of Waitangi with Maori (and others) in their traditional costumes and painted faces. When they reach the opposite side of the bay, the Maori perform the famous haka, a ritual dance often used for celebrations but also in war time. It is a special atmosphere when the leader shouts in Maori and the silence of the bay is interrupted as the others chant with him. Visitors feel goosebumps and excitement and even a bit of fear – that might be the reason why the national rugby[2] team uses the haka to greet opponents.

After this, people jump into the water, children start playing on the festival grounds and music and food is everywhere. In these moments, the difficult past is replaced in people's minds with the feeling of coming together as a nation. (423 words)

Annotations

1 **treaty** – an agreement between countries *(Vertrag)*

2 **rugby** – a team sport played in many countries (the ball is egg-shaped)

Und hier ist die Aufgabe:

- Read the statements.
- Decide whether they are true or false.
- Tick the correct box.

	true	false
1. The Waitangi treaty meant that the Maori recognized British power.	☐	☐
2. Maori and British settlers understood the treaty in the same way.	☐	☐
3. To join the Waitangi celebration, you can easily drive there in the morning.	☐	☐
4. The most important features of Waitangi Day are the waka and haka.	☐	☐
5. Waitangi Day helps New Zealanders feel they are one nation.	☐	☐

LÖSUNGSHILFE

Um die Aufgaben richtig zu lösen, musst du nur ein grobes Verständnis der einzelnen Abschnitte haben. Verliere dich also nicht im Detail, denn das kostet zu viel Zeit.
Such nach Schlüsselwörtern und -begriffen, die sich aus der Fragestellung ergeben. Diese sind:

1. *recognize British power*
2. *interpretation of the treaty*
3. *celebration*
4. *waka and haka*
5. *coming together*

Sieh dann im Text nach, ob sie sinngemäß stimmen. Sinngemäß heißt **nicht** wortwörtlich!

4 Wortschatz

Der Prüfungsteil zum Wortschatz kommt vor der Schreibaufgabe. Wenn der Wortschatzteil zu schwierig ist, löse zuerst die Schreibaufgabe. Vielleicht fällt es dir danach leichter. Es könnte nämlich sein, dass der Text – oder vielleicht sogar die Fragen – wichtige Vokabeln enthalten, die dir weiterhelfen.

4.1 Wortfelder erarbeiten

Im Wortschatzteil geht es darum, wie groß dein Vokabelwissen ist und wie gut du damit umgehen kannst. Am besten kannst du dich darauf vorbereiten, wenn du Wortfelder erarbeitest. Das kannst du sehr gut mit *word webs* machen. Eigentlich kannst du zu jedem Thema ein *word web* erstellen.
Benutze ruhig ein Wörterbuch zum Üben!

TIPP Vokabelwissen

Übe und erweitere deinen Wortschatz mit ***word webs***!

Hier ist ein Beispiel zum Thema **career**. Sieh es dir an. Vielleicht fallen dir noch weitere Wörter und Begriffe ein. Wenn du möchtest, ergänze das *word web*.

CAREER

People

careers adviser
trainee
apprentice
manager
colleagues

___
___
___

activities

work
earn money
choose a career
be good at something
be interested in something
apply for something
have an interview
prepare for an interview
do well in an interview

___
___
___

career interview/ application

CV
(job) advert
job training
apprenticeship
reference
experience
skills
qualities
interests
strengths

___
___
___

opinions

interesting
boring
difficult
easy
stressful
stress-free
demanding
rewarding

___
___
___

working conditions

pay
working hours
shifts
colleagues
working atmosphere
breaks

___
___
___

In diesem *word web* geht es um das Thema ***problems***. Unten im Kasten findest du Wörter und Begriffe zum Thema. Trage sie richtig ein! Auch hier kannst du gern andere Wörter zuordnen, die du noch zu diesem Thema kennst.

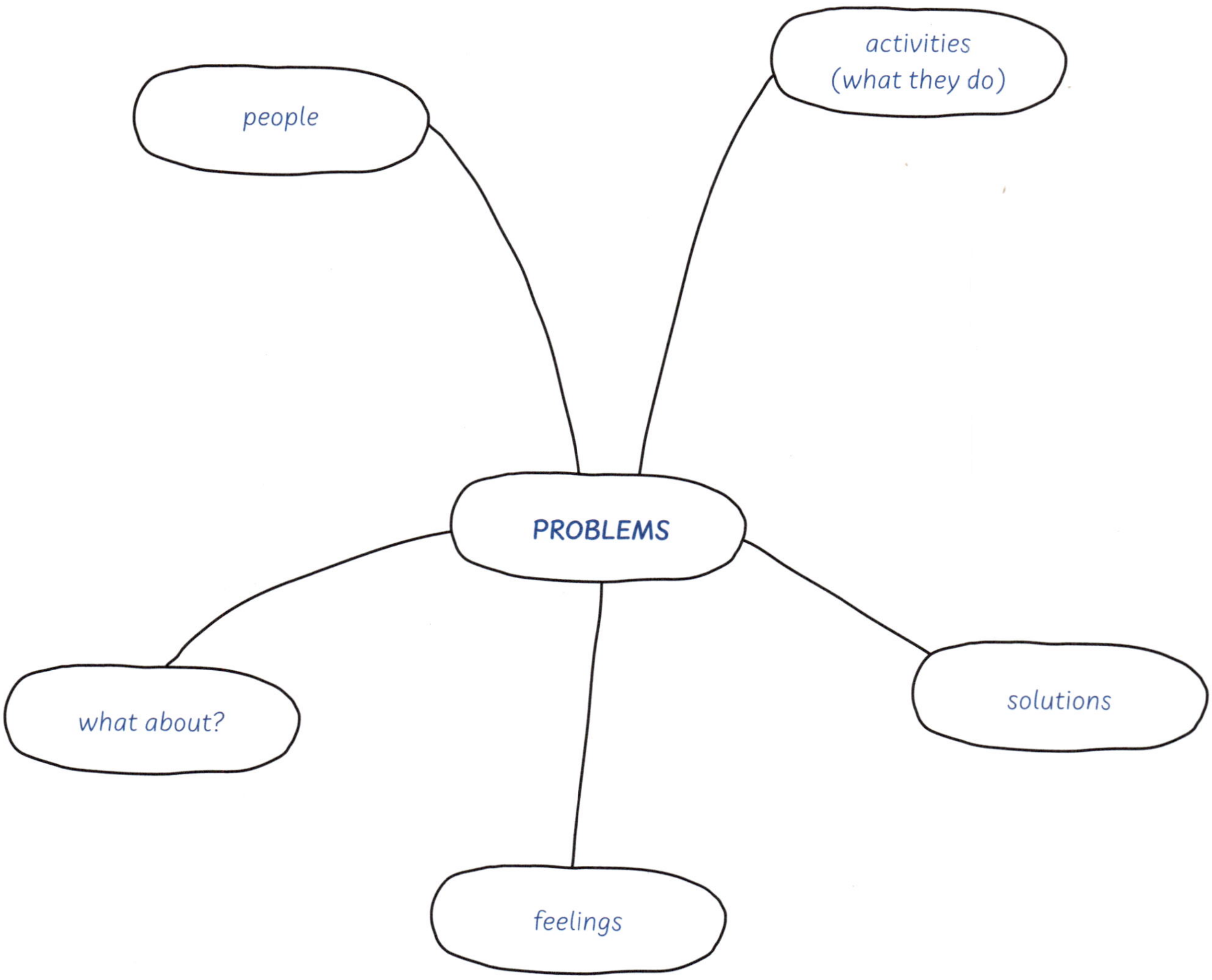

angry	annoy	argue	bad marks in school	brother	bully	classmates
coming home late	depressed	don't / doesn't let me go out with my friends				
don't / doesn't listen	don't / doesn't talk	fight	friends	going out in the evening		
helping around the house	helpless	homework	listen to ...	lonely		
make a compromise	miserable	other kids	parents	pocket money	push	
sister	talk to ... about your problem	teacher	tell me off	tell ... what you think		
unhappy	upset					

Hier ist noch ein weiteres *word web* für dich zum Üben, diesmal zum Thema ***movies***. Versuche diesmal selbst Lösungen zu finden!

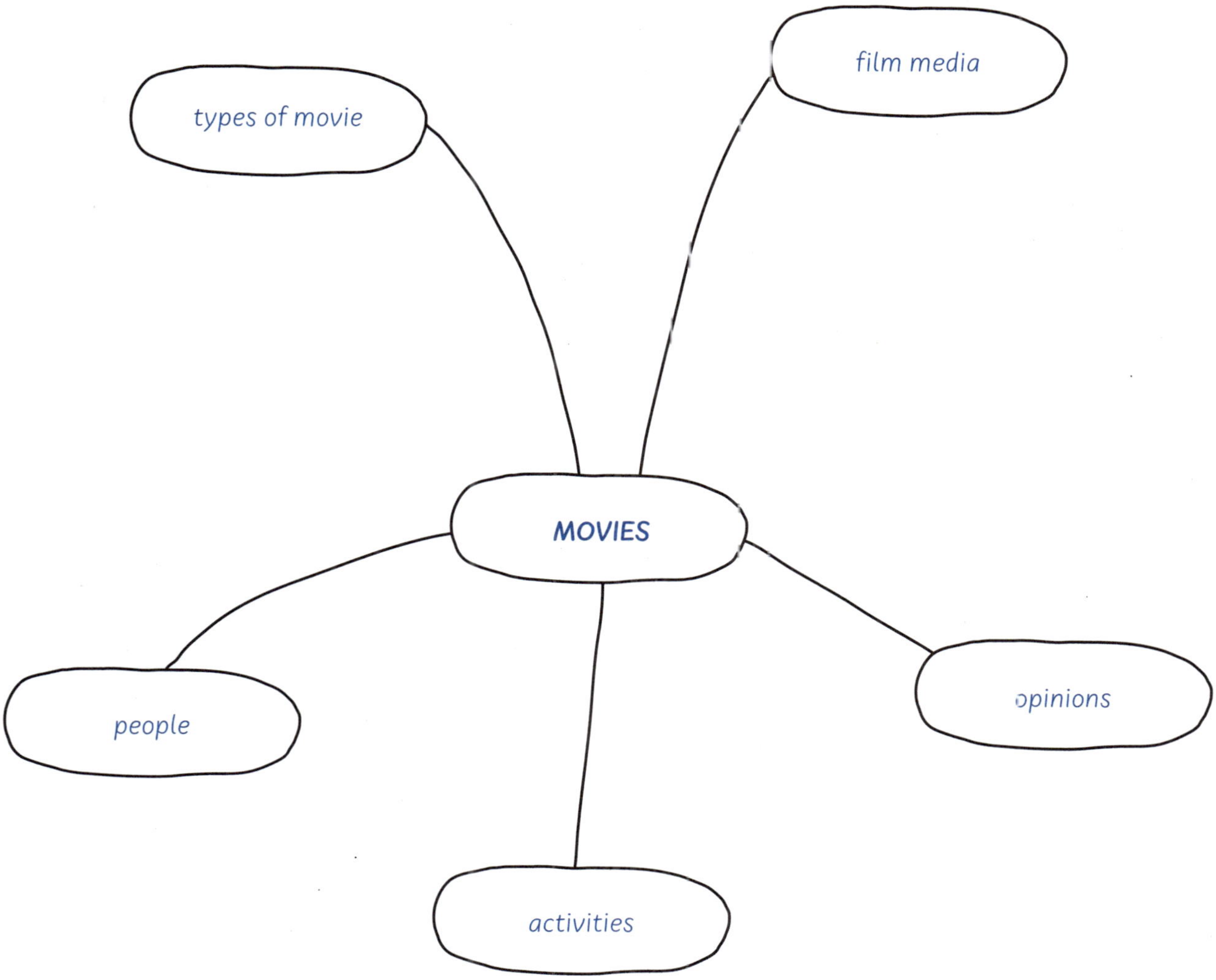

Vergleiche dein *word web* mit dem Lösungsvorschlag. Bitte beachte, dass es auch andere Möglichkeiten gibt. Du könntest deine Lösungen von deinem Lehrer oder deiner Lehrerin abgleichen lassen.

Wie schon gesagt, kannst du zu jedem Thema ein *word web* gestalten. Du musst nur überlegen, welche Kategorien du brauchst. Meistens kannst du mindestens drei oder vier Kategorien bilden:

- Personen (Wer hat etwas damit zu tun?)
- Dinge (Um welche Dinge/Begriffe geht es?)
- Verben (Was wird gemacht? Um welche Aktivitäten handelt es sich dabei?)
- Adjektive (Meinungen, Gefühle, Eigenschaften usw.)

4.2 *Gap filling*

In den letzten Jahren gab es im Wortschatzteil vor allem ***gap-filling***-Aufgaben. Wie diese Aufgaben funktionieren, weißt du ja bereits. In der Regel wird dir die erste Aufgabe leichter fallen, denn du hast meistens Lösungsmöglichkeiten vorgegeben. Du musst nur auswählen und einsetzen.

TIPP

Meistens ist ein Wort mehr vorgegeben, als du brauchst.

Schau dir die Aufgabe genau an, ebenso die vorgegebenen Vokabeln. Fang immer mit den Sätzen an, bei denen du dir sicher bist. Überlege dann bei den übrigen, welche Wörter am besten wohin passen. Notfalls kannst du raten, denn auch hier gilt: keine Punkte verschenken!

Beispiel
Adjectives and Adverbs

- Complete the following sentences with words from the boxes below.
- Use each word only once.
- There is one more word than you need.

badly	beautiful	~~best~~	better	fast	fastest
good	high	slow	slowly	sporty	well

1. My ___*best*___ friend's name is Ross.
2. He is very ________________.
3. He can run ________________ and jump really ________________.
4. He is the ________________ boy in my class.
5. He can also draw very ________________.
6. Some of his pictures are ________________.
7. But Ross is not very ________________ at English.
8. He reads and writes very ________________.
9. Yesterday, he did very ________________ in his test.
10. I'm helping him, so that he will do ________________ next time.

TIPP

Streiche in der Auswahl unten ein Wort durch, wenn du es eingesetzt hast.

Wenn es keine Lösungsvorgaben gibt, ist das auch nicht unbedingt ein Problem. Manchmal gibt es nicht nur eine richtige Antwort, sondern mehrere Lösungsmöglichkeiten. Schreibe also das hin, was du für richtig hältst.

Beispiel
Prepositions

- Complete the following text with suitable words.

1. I live ___*in*___ a flat in St. Thomas Road.
2. There is a big park ____________________ my home.
3. Not far ____________________ the park, there is a leisure centre.
4. I go to school ____________________ bus because it's too far to walk.
5. School starts ____________________ 9 o'clock.
6. ____________________ school I go and play in the park or I go ____________________ my friend's house.
7. I do my homework ____________________ the evening.

LÖSUNGSHILFE

Meistens gehören die Wörter, die du einsetzen musst, zur gleichen Wortart, wie z. B. in der letzten Aufgabe. Dort musstest du überall Präpositionen einsetzen. Es kann jedoch sein, dass das nicht immer so ist.

Schau dir die Sätze dann ganz besonders gut an und überlege, was für eine Information und was für ein Wort (oder Ausdruck) im jeweiligen Satz fehlt. Ist es ein Nomen (*holiday*), ein Verb (*run*), ein Adjektiv (*fantastic*), ein Adverb (*quickly*), eine Präposition (*on*) oder ein Pronomen (*he/his*)? Wenn du das herausgefunden hast, musst du nur noch ein Wort von dieser Wortart suchen, das inhaltlich passt.

Probier es einmal aus:

Beispiel
Holiday

- Complete the following sentences with words from the box below.
- Use each word only once.
- There is one more word than you need.

car	his	hotel	great	~~to~~	was

1. Every year we go on holiday ___*to*___ Spain.
2. Last year we went to Malaga. We stayed in a ____________________ .
3. We had a ____________________ time.
4. The weather ____________________ good.

5. My dad had forgotten ________________________ swimming trunks, so he had to buy some.

6. This year we are going to Barcelona. We are not going to fly this time, we are going

   by ________________________ .

In den nächsten beiden Beispielen kannst du das noch einmal üben. Bei der ersten Aufgabe bekommst du noch Vorgaben, bei der zweiten musst du es allein schaffen.

Beispiel
Problems

- Complete the following sentences with words from the box below.
- Use each word only once.
- There is one more word than you need.

at	only	problems	started	unhappy	well	with	~~teribble~~

1. The last two weeks were ___*terrible*___ for me.

2. I had a lot of ________________________ at school and at home.

3. It all ________________________ when I got a bad mark in my Maths test.

4. Everyone had done really ________________________ .

5. I was the ________________________ one who hadn't understood anything.

6. All the others started to laugh ________________________ me and called me "stupid" and "thicko".

7. I was really ________________________ .

Und jetzt ohne Hilfe:

- Complete the following text with suitable words.

8. When I came home, my parents were very___*angry*___with me.

9. They told me ________________________ .

10. They said I was too ________________________ and they only let me out to play for one hour

    per ________________________ .

11. I had to ______________________ for school every day, even ______________________

Saturdays and Sundays.

12. I felt ______________________ but after a while things got better.

Nun überprüfe, wie gut du abgeschnitten hast. Denk daran, dass in einigen Fällen auch andere Lösungen richtig sein können. Frage dann deinen Lehrer oder deine Lehrerin.

4.3 *Matching*

Es gibt noch einige andere Aufgabentypen, um den Wortschatz zu überprüfen, z. B. ***matching***-Aufgaben. Hier werden Begriffe erklärt und du musst sie richtig zuordnen. Es kann auch sein, dass du die Begriffe selbst benennen musst. Schau dir also die Begriffe und die Definitionen sorgfältig an. Auch hier fängst du am besten mit den einfachen Wörtern an.

Beispiel
Places in town

- Read the statements below.
- Find the right word for each of them.

1. This is a place where you can go and look at pictures, sculptures and other interesting things.

   museum

2. This is an indoor place where you can do workouts and sports. ______________________

3. This is a place where you can see people act on stage. ______________________

4. This is a place where you can go as a tourist if you don't know the town. You can ask lots of

questions and people will help you. ______________________

5. This is a place where you can see your favourite football team play. ______________________

6. This is a place at the seaside, where you can go swimming, play or relax in the sun.

   ____

7. This is a place where you can go for a meal. ______________________

8. This is a place where you go if you want to watch a new movie. ______________________

Nun sieh nach, wie gut dir die Aufgabe gelungen ist.

4.4 *Making a list*

Diese Aufgabenstellung dürfte dir nicht schwerfallen, wenn du *word webs* geübt hast. Solch eine Liste ist nämlich nur ein Teil eines *word webs*. Wichtig ist nur, dass du genau weißt, was du auflisten sollst, und das steht natürlich in der Aufgabenstellung. Außerdem gibt es auch immer ein Beispiel.

Beispiel
Holiday accommodation

- Make a list of places where you can stay on holiday.

youth hostel

Achte bei einer Liste immer darauf, dass du verschiedene Wörter verwendest. Wenn z. B. nach Hobbys gefragt wird, solltest du also nicht alle Ballsportarten auflisten oder Wortgruppen mit dem Wort *play*. Das mag zwar richtig sein, klingt aber einfallslos und langweilig. Außerdem deutet es darauf hin, dass du kein gutes Vokabelwissen hast – und genau den Eindruck willst du ja nicht machen.

TIPP zur Liste

Mache deine Liste interessant: Benutze verschiedene Wörter.

Beispiel
Holiday activities

- Make a list of things you can do on holiday.

go swimming

4.5 *Finding opposites*

Bei dieser Aufgabenstellung musst du Gegenteile zu den vorgegebenen Wörtern benennen. Auch hier gibt es manchmal mehrere Möglichkeiten.

Beispiel
The world of work

- Find the opposites.

work – *holiday* ______

1. get up early – ______
2. well-paid – ______
3. long hours – ______
4. flexible – ______
5. interesting – ______
6. advantage – ______
7. skilled – ______
8. full-time – ______
9. experienced – ______

5 Schreiben

Viele Schüler haben Angst, dass sie zu viele Fehler machen. Deshalb trauen sie sich oft nicht an Schreibaufgaben heran. Vielleicht gehörst du ja auch zu dieser Gruppe. Das ist aber nicht nötig! Es geht nämlich in erster Linie darum, dass man verstehen kann, was du sagen willst. Natürlich hilft es, wenn im Text wenig Fehler sind, aber das ist zweitrangig.

TIPP

Auf den Inhalt kommt es an!

Am allerwichtigsten bei der Schreibaufgabe ist, dass du alle Inhaltsvorgaben erfüllst. Diese Inhaltsvorgaben findest du im sogenannten Ausgangstext. Meistens ist das ein Brief oder eine E-Mail von einem englischsprachigen Schüler. Es kann jedoch auch ein anderer Text sein.

5.1 Goldene Regeln zu den Inhaltsvorgaben

1. Der Ausgangstext ist immer recht kurz und enthält mehrere Fragen, die du beantworten musst. Diese Fragen sind dann deine Inhaltsvorgaben. Daher musst du den Text sorgfältig lesen und dir die Fragen besonders gut anschauen. Am besten ist es, wenn du dir die Fragen farbig markierst.

2. Vergiss nicht die Anrede und Begrüßung am Anfang deines Briefes oder deiner E-Mail. Denke an eine sinnvolle Einleitung deines Textes. In einem Brief oder einer E-Mail solltest du dich auf den Ausgangstext beziehen.

3. Achte darauf, dass du alle Fragen beantwortest, denn für jede beantwortete Frage bekommst du Inhaltspunkte. Setze ein Häkchen hinter jede Frage, die du beantwortet hast. Dann weißt du immer, was noch zu tun ist.

TIPP Inhaltspunkte sammeln

So kannst du Inhaltspunkte sammeln:

- Ausgangstext gut durchlesen: Worum geht es?
- Vorwissen aktivieren: Was weiß ich schon dazu?
- Fragen farbig markieren
- bei Briefen oder E-Mails Anrede und Begrüßung beachten
- Einleitung schreiben
- alle Fragen beantworten
- Du darfst dir auch etwas ausdenken!
- ein bis zwei Fragen ausführlicher beantworten
- einen guten Abschluss finden
- bei Briefen oder E-Mails: verabschieden

4. Versuche, ein bis zwei Fragen ausführlicher zu beantworten. Überlege also, bei welchen Fragen das am besten geht.

5. Manchmal gibt es Fragen, zu denen du persönlich nicht viel sagen kannst, z. B.: *Tell me about your brothers and sisters. How old are they? What are they like? How do you get on with them?* Wenn du keine Geschwister hast, kannst du nichts über sie erzählen. Wenn du ehrlich antwortest, ist deine Antwort sehr kurz. Es handelt sich aber um Fragen, zu denen man viel sagen könnte. Auch hier gilt: Zeige, was du kannst. Du musst nicht die Wahrheit schreiben, sondern die Frage so gut wie möglich beantworten. Du könntest also Geschwister „erfinden“, um Punkte zu sichern.

6. Wenn du alle Fragen beantwortet hast, schließe deinen Text sinnvoll ab. In einem Brief oder einer E-Mail könntest du den Briefpartner bitten, dir zu antworten. Vergiss nicht, dich zu verabschieden!

INFO zu Briefanfängen, Einleitung, Abschluss und zur Verabschiedung

Briefanfang (gilt auch für E-Mails):
Hi Tristan,
Hello Lisa,
Dear Marcus,

Einleitung:
Thank you for your letter. You asked about ...
Thank you for your e-mail. You wanted to know ...

Abschluss:
That's all for today. Write back soon.
I have to go now. Write back soon.

Verabschiedung:
Yours,

See you,

Bye,

5.2 Wie du sprachlich punkten kannst

1. Schreibe in ganzen Sätzen. Wenn du sprachlich unsicher bist, halte deine Sätze kurz und knapp. Bist du jemand, der auch längere Sätze schreiben kann, dann zeige das auch.

2. Wichtig ist, dass du dich klar und deutlich ausdrückst. Wenn du deinen eigenen Satz nicht verstehst, dann wird es wohl auch kein anderer können.

3. Benutze keine deutschen Wörter! Wenn dir ein Wort nicht einfällt, überlege, ob man es auch anders sagen kann. Du sollst zeigen, wie gut dein Englisch ist.

4. Manchmal kannst du einen Teil der Frage nutzen, um deine Antwort zu schreiben.

TIPP sprachliche Punkte sammeln

So kannst du sprachlich punkten:
- Schreibe in ganzen Sätzen.
- Drücke dich klar aus.
- Benutze keine deutschen Wörter.
- Kontrolliere deinen Text, wenn du fertig bist.

Beispiel 1: What was your best holiday ever?
My best holiday ever was …

Beispiel 2: Where would you like to go most of all?
Most of all I would like to go …

5. Wenn du fertig bist, schau dir deinen Text noch einmal genau an und kontrolliere, ob sich nicht doch Fehler eingeschlichen haben.

TIPP gute *linking words*

or – oder
but – aber
because – weil
if – wenn (falls)
when – wenn (wann)

5.3 Versuch's doch mal!

Nun versuche, die folgende Beispielaufgabe zu bearbeiten. Lies dir den Ausgangstext genau durch und finde heraus, was das Thema ist. Markiere dann die Fragen, die du beantworten musst.

Here is an e-mail from Chris, your English penfriend.

- Read the e-mail and write back to Chris.
- Answer all his questions.
- Think of a good start and a good ending to your e-mail.
- Write at least 100 words.
- Write in full sentences.

Hi …

I haven't heard from you in a while, so … how are you?
I'm not that good these days. My parents are driving me crazy.

They say I can't use my phone whenever I want to. During breakfast, lunch and dinner my mobile has to be turned off and in the evenings after 8 p.m. I actually have to give it to them. My older brother on the other hand can have his mobile non-stop just because he's older – so when I try to sleep I hear his music and voice messages until he finally goes to sleep.
When I talk to my parents about this, they get mad. By the way – when we eat together, my mum and dad are allowed to use their phones because it might be "important for business" …

Do you have the same problem? How does your family deal with mobile phones during "family time"? Can you keep your phone overnight? How can I talk to my parents about it?

Let me know what you think and write back soon.

See you,

Chris

LÖSUNGSHILFE

Worum geht es? Es geht um Probleme mit der Familie.
Diese Fragen solltest du markieren:
– *How are you?*
– *Do you have the same problem?*
– *How does your family deal with mobile phones during "family time"?*
– *Can you keep your phone overnight?*
– *How can I talk to my parents about it?*

Nun fange an, deine Antwort zu formulieren. Schreibe zuerst den Briefanfang und eine gute Einleitung. So könnte dein Anfang aussehen:

Hi Chris,

Thanks for your e-mail. I'm alright. So you asked about mobile phones in my family.

Beantworte nun die Fragen. So könntest du deine Antwort formulieren:

Problems with mobile phones in my family are a bit different. I don't have an older brother but a younger sister and she's not allowed to have a phone. I think that's a good idea even though she's mad about it.
I don't have to give my phone to my parents at night, but like you I'm not allowed to use it during family time, breakfast and dinner. Unlike your parents, my mum and dad also follow this rule which makes it fair.
Talking to your parents when they are tired from work is not a good idea. Why don't you wait for them to be in a good mood and discuss the problem next day during lunch or breakfast?

Alle vier Fragen sind jetzt beantwortet. So könntest du deinen Brief beenden:

I have to go now. Talk to you later.

See you,

Ben

Hier ist noch eine zweite Beispielaufgabe:
Letter of application

On your school notice board you find the following information from your partner school in Newcastle.

- Read the information and apply for a work experience placement[1] in or around Newcastle.
- Look at the details and choose where you would like to work.
- Check what information you need to give.
- Think of a good start and a good ending to your application[2].
- Write at least 100 words.
- Write in full sentences.

1 **apply for a work experience placement** – sich um einen Praktikumsplatz bewerben
2 **application** – eine Bewerbung

Work Experience in and around Newcastle

When: August 2023
What: car maintenance, office help, childcare, restaurant, gardening
Duration: 10 days (minimum)
Experience: not needed
Qualifications: English skills
Free accommodation in families
You must be at least 15 years old.
Interested? Then write to:

Mr Gower
Fitzalan High School
Victoria Road
Newcastle
NC2 7PM

Please enclose your CV.

LÖSUNGSHILFE

Überlege zunächst: Worum geht es?
Welche Fragen musst du beantworten? (Wozu musst du etwas schreiben?) Markiere die Textstellen.

Es geht um „work experience placements", also um Praktikumsplätze. Die Aufgabenstellung sagt dir, dass du dich bewerben sollst.
In dieser Aufgabe gibt es keine direkten Fragen. Du musst aus den Informationen herauslesen, wozu du etwas schreiben musst. Folgende Dinge solltest du markiert haben:
- "work experience in and around Newcastle"
- "August 2023"
- "car maintenance, office help, childcare, restaurant, gardening" – Hier musst du wählen.
- "10 days – minimum"
- "experience not needed"
- "English skills"
- "accommodation in families"
- "at last 15 years old"

Überlege nun, was du zu den einzelnen Punkten schreiben kannst und wo du ausführlicher sein kannst. Mach dir kurze Notizen dazu:

____

____

____

____

____

____

Dann kannst du anfangen. Pass jedoch auf, denn hier musst du einen formellen Brief schreiben. Du musst also höflich sein. Auch deine Adresse und die Adresse des Empfängers musst du mit angeben.

INFO Bewerbungsbrief: Adressen und Datum

Deine Adresse steht rechts oben:

Tannenweg 23
42477 Wuppertal
Germany

Die Adresse des Empfängers steht darunter auf der linken Seite:

Mr Gower
Fitzalan High School
Victoria Road
Newcastle
NC2 7PM
UK

Das Datum steht darunter auf der rechten Seite: 17th March 2023

INFO Bewerbungsbrief: Anrede und Verabschiedung

Name des Empfängers bekannt:

Anrede:
Dear Mr Gower,

Verabschiedung:
Yours sincerely,

Name des Empfängers unbekannt:

Anrede:
Dear Sir or Madam,

Verabschiedung:
Yours faithfully,

INFO Lebenslauf: Welche Bereiche muss ich abdecken?

Curriculum Vitae		**„CV“** steht für **„Curriculum Vitae“** und bedeutet Lebenslauf. Amerikaner benutzen stattdessen das Wort „resumé“.
Laura Schmidt		**Abgesetzte Überschriften** und eine **klare Gliederung** erleichtern das Lesen.
Tulpenweg 141, 58455 Witten, Germany Telephone: 0049 2302 176218 Email: laura.schmidt@email-finale.de		Vergiss nicht, bei der Telefonnummer auch die **internationale Vorwahl** anzugeben.
Personal statement:	I am a hard-working, reliable student. I like working in a team and am looking forward to getting more experience in the workplace.	Der Bereich **„Personal statement“** ist möglich, aber nicht zwingend notwendig für einen CV.
Education:	2017–2023 Hardenstein Gesamtschule (comprehensive school), Witten, Germany 2013–2017 Grundschule Vormholz (primary school), Witten, Germany	**GCSE** gibt es nur in Großbritannien. Dies entspricht dem US-amerikanischen **High School Diploma**.
Qualifications:	Studying for Fachoberschulreife (equivalent of GCSEs)	
Languages:	English (8 years), French (5 years)	
Other skills:	First-Aid certificate, moped licence; basic gardening skills	Der Bereich **Other skills** ist möglich, aber nicht zwingend notwendig für einen CV.
Work Experience:	Three weeks in a primary school; babysitting job at weekends	
Hobbies and interests:	My hobbies are playing volleyball and tennis in after-school clubs. I am very interested in photography and computers.	
References:	Available on request	Hier kannst du auch eine konkrete Person/Arbeitsstelle als Referenz nennen (Name, Anschrift, Kontaktdaten), sprich dies aber im Fall einer echten Bewerbung vorher mit ihm/ihr ab.

Nun versuche, die Aufgabe zu lösen. Schreibe auf ein Extrablatt.

Das war eine sehr schwierige Aufgabe. Du wirst sehen, dass die Schreibaufgaben in den Tests meistens viel einfacher sind. Trotzdem wäre es gut, wenn du Vokabeln und Strukturen zum Bewerbungsbrief auswendig lernen würdest. Dann bist du auf jeden Fall vorbereitet.

TIPP Bewerbungsbrief

Lerne Vokabeln und Strukturen zu einem Bewerbungsbrief auswendig!

6 Wie wird in der Prüfung bewertet?

Es ist sehr wichtig, dass du weißt, wie die einzelnen Aufgaben bewertet werden. Damit kannst du selbst einschätzen, welche Note du in den einzelnen Teilen des Tests erreicht hast. Außerdem hilft es dir zu entscheiden, was du schon richtig gut kannst und was du noch mehr üben musst. Hier siehst du nun beispielhaft, welche Punkte in den Tests vergeben werden können.

Erster Prüfungsteil: Hörverstehen

Hörverstehen Teile 1 und 2

- Für jede inhaltlich richtige Lösung gibt es einen Punkt. Sprachliche Fehler führen nicht zum Punktabzug.

Zweiter Prüfungsteil: Leseverstehen – Wortschatz – Schreiben

Leseverstehen

- Für jedes richtige Ankreuzen gibt es einen Punkt.
- Ebenso gibt es jeweils einen Punkt, wenn du ein richtiges Beispiel aus dem Text zitierst bei einer Aufgabenform wie z. B. “You can only see ‘The Kop’ in Liverpool. True oder false? The text says ...”
- Für eine richtige Begründung nach “because the text says” bekommst du zwei Punkte.
- Sprachliche Fehler führen nicht zum Punktabzug, solange deine Aussage verständlich und inhaltlich richtig ist.

Der Wortschatz wird in sogenannten Bewertungseinheiten (BE) gemessen. Jede inhaltlich richtige Antwort gilt als richtig. Es gibt keinen Punktabzug bei sprachlichen Fehlern!

- in der ersten Wortschatzaufgabe pro richtiger Lösung 1 BE
- in der zweiten Wortschatzaufgabe pro richtiger Lösung 2 BE

Diese Bewertungseinheiten werden dann in Punkte umgewandelt. Das geht so:

Bewertungseinheiten (BE) = Punkte									
18 – 17	16 – 15	14 – 13	12 – 11	10 – 9	8 – 7	6 – 5	4 – 3	2 – 1	0
= 9	**= 8**	**= 7**	**= 6**	**= 5**	**= 4**	**= 3**	**= 2**	**= 1**	**= 0**

Für den Wortschatzteil kannst du also insgesamt 9 Punkte bekommen.

Schreiben
Die Schreibaufgabe wird unter drei Aspekten bewertet. Diese sind: Inhalt, Ausdrucksvermögen und sprachliche Korrektheit.

Inhalt:
Für jede korrekt beantwortete Frage kannst du bis zu zwei Punkte bekommen. Das geht so:
- Ist die Antwort angemessen, also richtig und vollständig: 2 Punkte
- Ist die Antwort unvollständig, zu knapp oder zu oberflächlich: 1 Punkt
- Fehlt die Antwort oder ist sie falsch: 0 Punkte

2 weitere Punkte kannst du bekommen, wenn du deinen Text ordentlich einleitest und auch beendest. Außerdem kannst du noch 2 Punkte zusätzlich bekommen, wenn du eine oder mehrere Fragen besonders ausführlich beantwortest. Allerdings kannst du nicht mehr als 10 Punkte insgesamt erhalten!

Ausdrucksvermögen:
Pro Kriterium sind 2 Punkte möglich (d. h. du kannst zwei, einen oder auch gar keinen Punkt bekommen). Es gelten folgende Kriterien:

1	Hast du einen verständlichen und gut lesbaren Text geschrieben?
2	Hast du in ganzen Sätzen geschrieben?
3	Hast du auch einige Sätze geschrieben, die aus mehreren Teilsätzen bestehen? (Hast du also *linking words* verwendet, wie z. B. *because, that, if*?)
4	Hast du z. B. in einem Brief oder in einer E-Mail an die Anrede, die Begrüßung und die Schlussformel gedacht?
5	Hast du daran gedacht, dass der Empfänger deines Textes kein Deutscher ist und kein Deutsch versteht? (Du darfst also keine deutschen Wörter verwenden, und du musst eventuell Dinge erklären, die hier alltäglich, aber anderswo unbekannt sind. So kennt man in England z. B. keine Schrebergärten. Wenn du davon schreibst, musst du erklären, was ein Schrebergarten ist.)

Das ergibt insgesamt 10 Punkte.

Sprachliche Korrektheit:
Auch hier wird weiter unterteilt, nämlich in Rechtschreibung, Grammatik und Wortschatz. Für jeden Teilaspekt gibt es maximal 2 Punkte. Das geht ungefähr so:

Hast du wenige Fehler gemacht, sodass dein Text trotz der Fehler recht gut zu lesen ist?	2 Punkte
Hast du doch einige Fehler gemacht? Versteht man vielleicht nicht alles ganz klar?	1 Punkt
Hast du sehr viele Fehler gemacht, sodass es ziemlich schwierig ist, deinen Text zu verstehen?	0 Punkte

Das ergibt insgesamt 6 Punkte. Du merkst also, dass es nicht so schlimm ist, wenn du Fehler machst!

Nun weißt du ein wenig besser, wie was bewertet wird. Nach jedem Test kannst du deine Punktzahl entsprechend eintragen.

Du wirst merken, dass die Punktvorgaben in den einzelnen Tests nicht immer gleich ausfallen. Im Wortschatz, beim Leseverstehen und auch beim Schreiben kann es sein, dass dir mehr abverlangt wird als in der richtigen Prüfung. Darüber musst du dir aber keine Sorgen machen, denn wenn du diese Tests gut bearbeiten kannst, dann kannst du davon ausgehen, dass du es auch in der Prüfung schaffen wirst.

Am Ende jedes Tests steht auch eine Notentabelle. Sie sagt dir, welche Note du in dem jeweiligen Test erhalten hättest. So könnte die Bewertung am Ende eines Tests aussehen:

CHECKLISTE Bewertung

Aufgabe	**Punkte**
Hörverstehen	**12**
Teil 1	(6)
Teil 2	(6)
Leseverstehen	**13**
Wortschatz	**9**
Schreiben	**26**
Inhalt	(10)
Ausdrucksvermögen	(10)
Sprachliche Korrektheit	(6)
Gesamtpunktzahl	**60**

7 Bevor du anfängst

Jetzt weißt du, was dich in der Prüfung erwartet. In Teil B dieses Buches findest du sechs Übungsprüfungen. Dort kannst du sehen, wie gut du klarkommst und was du noch üben musst.

Um dir den Anfang ein bisschen zu erleichtern, bekommst du in den ersten drei Übungstests **Lösungshilfen**. Diese zeigen dir, was du bei einer bestimmten Aufgabe beachten solltest, und weisen dich sozusagen in die richtige Richtung.

Du wirst merken, dass die Lösungshilfen mit der Zeit weniger und knapper werden. Schließlich sollst du lernen, „auf eigenen Füßen zu stehen". Deshalb wirst du ab dem vierten Übungstest auch keine Lösungshilfen mehr vorfinden.

Wenn Fragen auftauchen, blättere zurück und lies dir die **Tipps** und **Informationen** zu den einzelnen Prüfungsteilen und Aufgabentypen noch einmal durch. Im Lösungsteil findest du alle Transkriptionen und Lösungen zu den einzelnen Aufgaben.

Auch für die **Schreibaufgaben** sind dort Beispielantworten gegeben. Diese sind natürlich sprachlich und inhaltlich richtig, aber du solltest nicht vergessen, dass es auch andere Lösungsmöglichkeiten gibt.

Du könntest deinen eigenen Text von jemandem durchschauen lassen, um zu sehen, wie gut du selbst abgeschnitten hast. Wenn du das Gefühl hast, dass dein eigener Text nicht so gelungen ist, kannst du ihn auch einfach mithilfe der Beispielantwort verbessern.

Beim Bearbeiten der einzelnen Tests solltest du dich bemühen, dich nach und nach auf das **Zeitlimit** einzustellen. Bei den ersten Übungstests wirst du bestimmt mehr Zeit brauchen, denn du musst dich ja noch an das Prüfungsformat und an die einzelnen Aufgabentypen gewöhnen. Außerdem wirst du wegen der Lösungshilfen und Hinweise auch mehr Zeit einrechnen müssen.

TIPP Beispielantwort zur Schreibaufgabe

- Es gibt mehrere Lösungsmöglichkeiten. Die Beispielantwort ist nur eine von vielen.
- Du kannst aber inhaltlich abmessen, ob du alle Fragen beantwortet hast.
- Du kannst sie auch nutzen, um deinen eigenen Text zu verbessern.

TIPP Zeiteinteilung

- Achte schon bei den Übungstests auf die Zeiteinteilung!
- Benutze eine Uhr!
- Es macht nichts, wenn du am Anfang noch länger brauchst.
- Notiere dir am Rand, wann du eine Aufgabe beginnst und wann du sie beendet hast.

Lass dich also nicht beunruhigen, wenn du zunächst mehr als 90 Minuten brauchst. Erst einmal zählt, dass du einen Prüfungstest ruhig und konzentriert bearbeitest.

Trotzdem solltest du von Anfang an mit der Uhr arbeiten. Notier dir einfach, wann du mit welcher Aufgabe begonnen hast und wann du sie beendet hast. Schreib es einfach neben die Aufgabenstellung. Dann merkst du bald selbst, wie viel Zeit du für jeden Teil benötigst. Das hilft dir, deine Zeiteinteilung selbst zu kontrollieren. Das ist für die Prüfung natürlich sehr wichtig, denn du möchtest ja schließlich so gut wie möglich abschneiden.

Teil B Tests

Am Anfang jedes Übungstests findest du eine Checkliste vor. Dazu gibt es auch eine Tabelle, in der du deine Zeit planen kannst. Im ersten Übungstest wurde das für dich schon vorgegeben, um dir bei der Planung zu helfen. Am Ende des Tests kannst du dann einschätzen, wie du mit der Zeitplanung zurechtgekommen bist.

Viel Glück!

Angeleiteter Test 1 – The World of Sport: Vorbereitung

Bevor du mit Test 1 auf Seite 45 beginnst, schau dir die Checkliste genau an und beachte die Hinweise zur Zeitplanung auf der nächsten Seite. Fülle die Tabellen aus.

CHECKLISTE Was du brauchst

1. Zeit Ich habe genug Zeit, um den Test zu bearbeiten:		☐
für den ersten Prüfungsteil		☐
Hörverstehen	(20 Minuten)	☐
für den zweiten Prüfungsteil	(etwa 70 bis 90 Minuten)	☐
Leseverstehen	(20 bis 25 Minuten)	☐
Wortschatz	(15 bis 20 Minuten)	☐
Schreiben	(35 bis 40 Minuten)	☐
für die Kontrolle und Auswertung	(etwa 10 bis 15 Minuten)	☐
2. Arbeitsplatz Ich kann hier in Ruhe arbeiten.		☐
3. Material Ich habe:		☐
eine Uhr (möglichst mit Weckfunktion)		☐
meine Schreibmaterialien (Bleistift, Radiergummi, Füller, Textmarker, Lineal)		☐
für das Hörverstehen: Zugang zum Internet und zur Seite finaleonline.de		☐
wenn du möchtest, auch ein Wörterbuch (aber nur für Notfälle, denn in der Prüfung musst du ohne auskommen)		☐

LÖSUNGSHILFEN

In diesen Abschnitten findest du viele Hinweise. Wenn du dir nicht ganz sicher bist, wie du eine Aufgabe lösen sollst, suche also die Lösungshilfe. Sie ist meistens unter der Aufgabe zu finden.

Zeitplanung und Zeitkontrolle

Trage in diese Tabelle ein, wie viel Zeit du pro Aufgabenteil benötigt hast. Dann kannst du am Ende gut einschätzen, ob du mehr oder weniger Zeit gebraucht hast.

	geplante Zeit	**benötigte Zeit**
Hörverstehen	20 min	
Leseverstehen	20 – 25 min	
Wortschatz	15 – 20 min	
Schreiben	35 – 40 min	
Gesamtzeit	90 – 110 min	

Auswertung Test 1

Wenn du den ersten Test bearbeitet hast, vervollständige die Tabelle oben und kreuze dann die passende Aussage an.

Ich lag gut in der Zeit. ☐
Ich brauchte nicht mehr als 105 Minuten. ☐
Ich habe es gerade so geschafft. ☐
Ich brauchte mehr Zeit. ☐

Diese Aufgabenteile habe ich schnell lösen können: ______________________________.

Für diese Aufgabenteile habe ich sehr viel Zeit gebraucht: ______________________________.

Wenn du gut in der Zeit liegst, kannst du dich wirklich freuen. Wahrscheinlich hast du aber länger gebraucht als 95 Minuten insgesamt. Immerhin hattest du noch sehr viele Hinweise zu lesen. Das mag hilfreich sein, aber es kostet natürlich auch Zeit.

Test 1 – The World of Sport

Erster Prüfungsteil: Hörverstehen

CHECKLISTE zum Hörverstehen

- Was ist das Thema?
- Was sollst du herausfinden?
- Du musst nicht alles verstehen.
- Beim zweiten Hören kontrolliere deine Antworten und fülle Lücken aus.
- Verschenke keine Punkte!

Aufgabe 1: Hörverstehen Teil 1

Do you do sports?

Track 5

You are going to hear what five people think about sport in general and what kind of sport they like.

AUFGABEN

- First read the statements.
- Then listen to the texts.
- Fill the gaps or give short answers.

TIPP

Benutze zuerst einen Bleistift. Dann ist es einfacher, Fehler zu berichtigen.
Wenn du fertig bist, kannst du deine Antworten schnell mit dem Füller nachschreiben.

1 Speaker 1: Name two reasons why she doesn't do sports anymore:

____

2 Speaker 2: He goes to the gym to keep fit even though he isn't ____________________.

3 Speaker 3: Sports play a big part in his life, because per week he has ____________________

and on the weekends he has ____________________ and ____________________.

4 Speaker 4: Name the reason why he got his first own TV:

____

5 Speaker 5: She hates sports on TV because ____________________ and she dislikes

soccer because ____________________.

TIPP

Denk daran, dass du dich pro Text maximal auf eine Aussage konzentrieren musst. Der Rest ist hier für die Frage unwichtig.

LÖSUNGSHILFEN

Hier musst du zu jedem Sprecher eine Aussage ergänzen oder eine kurze Antwort zu der Aussage finden. Du kannst zuerst die Aufgabe lesen und dir markieren, wonach gefragt wird. Beim ersten Sprecher musst du z. B. zwei Gründe nennen, warum sie keinen Sport mehr macht.

TIPP

Die Fragen werden immer in der Reihenfolge gestellt, wie die Informationen im Text vorkommen.

Schreibe beim ersten Hören deine Lösungen nur schwach, z. B. mit Bleistift. Schreibe die Lösung erst beim zweiten Hören deutlich auf.

Aufgabe 2: Hörverstehen Teil 2

An unsual sport

Track 6

You are going to hear an interview about David and an "unusual" sport.

AUFGABEN

- First read the questions below.
- Then listen to interview.
- Choose the right answer.
- There is only one correct answer per question.

1 David is ______________________________ years old.

2 He is the sports personality of ...

a) the year. ☐
b) the month. ☐
c) his town. ☐
d) week. ☐

3 David's ______________________________ got him interested in handball.

4 There are ______________________________ teams from London.

5 The level of handball in Britain is ...

a) better than in other European countries. ☐
b) as good as in other European countries. ☐
c) not as good as in other European countries. ☐
d) better than in the rest of the world. ☐

6 In the future, David wants to ...

a) play for a London club. ☐
b) play for a foreign club. ☐
c) play for the England team. ☐
d) stop playing. ☐

LÖSUNGSHILFEN

Insgesamt geht es hier um detailliertes Hörverstehen. Es soll eine zentrale Information herausgehört werden. Wenn du wie beim ersten Hörverstehen vorgehst, kannst du schon die Unterschiede der Antwortmöglichkeiten erkennen und schneller die richtige Lösung finden.

Wichtig ist: Höre auf Schlüsselwörter, du musst nicht jedes Wort verstehen. Keep calm!

Zweiter Prüfungsteil: Leseverstehen – Wortschatz – Schreiben

Aufgabe 3: Leseverstehen – *Anfield's Kop*

The text about is about the history of the famous fan area in Liverpool's football stadium.

AUFGABEN

- First read the text.
- Then do the tasks **1–7.**

Anfield's Kop

If you want to see Liverpool football, you have to go to the stadium at Anfield Road. Every year, thousands of supporters from all over the world, as well as from every corner of England, visit the town to see the "Reds" play and enjoy the unique atmosphere created especially by the fans in the part of the stadium called the 'Kop'. Just reading the word 'Kop' in England, one directly thinks of Liverpool Football Club: this part of the stadium seems as famous as the club itself. Football fans immediately connect the word to images of red flags and scarves held up high to the song "You'll Never Walk Alone". "Reds" supporters will tell you about the great Premiere League or Champions League nights in which the 'Kop' served as a twelfth man, with a whole sea of people wearing red dancing and celebrating when Liverpool scored.

The 'Kop', however, is not only in Liverpool. Football teams from Blackpool, Sheffield or Birmingham have stands with the same name. So what makes a stand in a stadium become a 'Kop'? Why do English football fans call it that? Although there is no real definition of a 'Kop', you can probably see it as the area of the stadium behind one of the goals where the staunchest[1] fans are gathered and the loudest chants are heard. To explain the name 'Kop' though, we have to go back in time to around 1900 in South Africa. In that already alarming time, gold and diamonds were found and the British Empire and Dutch settlers fought over these riches in the "Boer War". Historians believe it was the Boer War that made Ghandi develop his idea of passive, non-violent resistance[2]. Many people died in that war and one of the bloodiest battles was in 1900, when the two sides fought on a hill called "Spion Kop". From then on, the term 'Kop' was used more and more often to talk about hills in England. Viewed from the football field itself, many stadiums rise from the ground like hills, so it wasn't long before people began to ask how many fans would fit on that "hill" or that 'Kop' in a stadium or how loud certain 'Kops' were in some games. So the word 'Kop' established itself as part of English football, and today it is connected to great games with an impressive atmosphere. With more people following football, it is important, though, that fans understand what the word once meant and where it came from. (421 Wörter)

Annotations

1 staunch – loyal, faithful, unchanging

2 non-violent resistance – passiver/gewaltloser Widerstand

AUFGABEN

- For tasks **1**, **3** and **6** decide if the statements are true or false and tick the correct box. Then finish the sentences. You can quote from the text.
- For task **2**, **5** and **7** tick the correct box and finish the sentences. You can quote from the text.
- For task **4** fill in the information.

1 The 'Kop' is important for the stadium in Liverpool.
This statement is
a) true ☐
b) false ☐
because the text says

____

2 What do football fans think of when they hear the name 'Kop'?
a) They have to walk alone. ☐
b) They think of many Liverpool fans singing. ☐
c) They think of the city of Liverpool. ☐
because the text says

____

3 You can only see 'the Kop' in Liverpool.
This statement is
a) true ☐
b) false ☐
because the text says

____

4 Explain what makes a 'Kop' so special in a football stadium. Give two example from the text:

a) ____________________________________

b) ____________________________________

5 In 1900 in South Africa ...

a) there was war between the British and Dutch settlers. ☐

b) Ghandi developed passive resistance. ☐

c) Ghandi found gold and diamonds. ☐

because the text says

____

6 The 'Kop' was an important hill in the war.

This statement is

a) true ☐

b) false ☐

because the text says

____

7 Why is the term 'Kop' used in English football?

a) It is as loud as the battle was. ☐

b) English fans like to talk about hills. ☐

c) Stadium stands look like hills. ☐

because the text says

____

LÖSUNGSHILFEN

Die Aufgaben zum Leseverstehen zielen nie auf den gesamten Inhalt und alle Wörter des Textes. Daher ist es wichtig, dass du zunächst das Hauptthema *(main message)* des Textes erkennst und du dich nicht von einzelnen unbekannten Vokabeln verunsichern lässt.
Sobald du das Thema des Textes erkannt hast, solltest du dir die Fragen zum Text durchlesen und wichtige Bezüge unterstreichen, die du dann im Text suchst.

1 Zunächst musst du beantworten, ob ‚Kop' eine wichtige Bedeutung für den Liverpool FC besitzt. Diese Info kannst du entweder über die besondere Atmosphäre herausarbeiten (siehe Text) – du kannst das aber auch aus der Überschrift und der ersten Zeile schließen. Das Stadium steht an der Anfield Road (Zeile 1) und die Überschrift heißt „Anfield's Kop" – hieraus ergibt sich bereits eine Bedeutung von ‚Kop'.

2 Nachdem du erkannt hast, was genau ein ‚Kop' ist (nämlich eine Fantribüne), ergibt nur Antwortmöglichkeit b) Sinn – weder alleine zu gehen noch Liverpool als Stadt sind eine sinnvolle Antwort.

3 Hier ist die Verbindung der Wörter „Liverpool", „Kop" und „only" entscheidend – suche nach genau dieser Kombination von Wörtern in einem Satz und du wirst ihn in der ersten Hälfte des Textes finden, nur dass im Text „**not** only" steht.

4 Hier wird nach der Bedeutung von einem ‚Kop' gefragt – also was genau macht diese Tribüne so besonders. Im Text gibt es eine Passage, die damit anfängt, wie ‚Kop' definiert werden könnte: Das sind dann die geforderten Begriffe.

5 Der Satz gibt dir durch die einleitenden Worte („1900", „South Africa") genau vor, wo du im Text suchen musst – finde diese Kombination von Worten (nur einmal vorhanden) und lies den danach folgenden Satz, um die Antwort zu finden.

6 Hier kannst du entweder wieder selektiv nach der Kombination („Kop", „hill", „war") suchen oder du erschließt es aus dem globalen Textzusammenhang (wenn „Kop" unwichtig gewesen wäre, warum wird der Begriff noch immer benutzt?)

7 Die letzte Frage befasst sich mit den letzten Textabschnitten – such im letzten Textabschnitt zu der Verbindung von „Kop“, „football stadium“, „England“.

Aufgabe 4: Wortschatz

Teil 1

Prepositions: A normal match day for the referee

AUFGABEN

- Read the text quickly to get a first idea of what it is about.
- Look at the prepositions and use each word only once.
- There is one more word than you need.

1 Even though I am just the referee, I also need to prepare ____________ the game.

2 But when I am ____________ the stadium, I still get a bit nervous.

3 I usually go to the locker room ____________ my colleagues to get dressed and to give final instructions.

4 We have a ritual of hugging and handshakes when we are ____________ to step on the field.

5 During the game, I know that fans and players might yell ____________ me even though very often it is not my mistake.

6 My colleagues often contact me to inform me about things I haven't noticed both on and

____________ the pitch.

about	at	in	with	for	off	from

LÖSUNGSHILFEN

Die Aufgabenstellung ist klar, aber die vielen Wörter können verwirren, besonders weil beim ersten Lesen auch mehrere Wörter in die gleiche Lücke zu passen scheinen.
Daher füllst du zunächst die Lücken aus, die dir sicher erscheinen und streichst sie unten durch – oftmals verbleiben dann nur noch 2 oder 3 Lücken.
Du kannst die gesamte Aufgabe auch erstmal auslassen, um sie am Schluss nochmal zu bearbeiten. Auch wenn du zum Schluss noch immer unsicher bist oder eventuell Zeitdruck hast, solltest du aber unbedingt alle Lücken füllen – eine leere Lücke kann ja keine Punkte geben!

Teil 2

A normal match day for the fans

AUFGABEN

- Complete the sentences with **suitable** words.
- Give only **one** solution.

1 Usually before the game starts, you ________________ up with friends and go for some food and drinks.

2 In the pub you can already ________________ some other games or pre-game interviews.

3 About an hour before the ________________ starts, big groups of fans walk to the stadium and block the streets.

4 Once you get to your seat, you can already see the ________________ and referees warming up.

5 During the game some people shout a lot, others like to ________________ their club anthems or other football songs.

6 Depending on how the game went, the whole crowd of fans is either ________________ and frustrated or happy and cheerful.

LÖSUNGSHILFEN

Die zweite Aufgabe zum Wortschatz kann etwas schwieriger sein, wenn keine Lösungsmöglichkeiten vorgegeben sind. Manchmal ist nur eine bestimmt Wortart gefordert wie z. B. nur Nomen oder Verben. Wenn du das erkennst, hilft dir das schon mal.
In dieser Aufgabe sind alle möglichen Wortarten möglich, dennoch gibt es Tipps, wie man auch solche Aufgaben lösen kann.

1 Bei der ersten Lücke wird nach einem Wort gesucht, dass mit „friends" zu tun hat, mit denen man danach noch etwas unternimmt. Was muss also logisch betrachtet geschehen, bevor du etwas mit Freunden unternehmen kannst? Du musst sie zunächst treffen!

2 Hier scheinen viele Möglichkeiten sinnvoll. Wenn du aber alle Kriterien heranziehst, wird klarer, was gefordert ist. Du suchst ein Wort, das in einem Pub mit anderen Spielen und Interviews zu tun hat – wo können Interviews verfolgt werden? Wenn du darauf kommst, dass das nur über einen Fernseher geht, bist du dem Wort schon sehr nahe.

3 und **4**
Die Lösungen ergeben sich ebenfalls aus dem Kontext. Wann geht man zum Stadium (natürlich um ein Spiel zu sehen) und wer könnte sich vor einem Fußballspiel neben den Schiedsrichtern noch aufwärmen (natürlich die Spieler)?

5 Hier gibt es ein klares Bezugswort, was dir die Lösung bringen könnte – die Phrase „football songs" lässt tatsächlich nur noch eine Wortart zu, besonders weil vor der Lücke ein „to" steht. Dann folgt in der Regel ein Verb.

6 Die Lösung ergibt sich auch aus der parallelen Satzanordnung – nach der Lücke stehen insgesamt 3 Adjektive („frustrated", „happy", „cheerful") – es liegt also nahe, dass du ein 4. Adjektiv finden sollst und da die letzten beiden positive Gefühle ausdrücken und du aber ein Adjektiv passend zu „frustrated“ (negativ) finden sollst, suchst du also ein negatives Adjektiv.

Aufgabe 5: Schreiben

Here is a message from Peter. You met him online in the European Sports Fan Forum and started chatting about football and sports in general.

AUFGABEN

- Read the message and write back to Peter.
- Answer all his questions.
- Think of a good start and a good ending to your letter.
- Write at least 100 words.
- Write in full sentences.

TIPP

- Ausgangstext gut durchlesen: Worum geht es?
- Vorwissen aktivieren: Was weiß ich schon zum Thema?
- Fragen farbig markieren!

Hey …

How have you been? I talked to my friend Sue about our conversation and we noticed that we don’t know much about German sports at all.

Here in England, we enjoy playing rugby and I know that Sue for instance loves playing netball or going to her dance lessons. I mean, are these sports popular in Germany?

When it comes to cricket though, I’m out! Many older people like to watch it on TV, but for me it’s just boring. What sports do you like watching on TV or the internet?

You must have many different sports to follow – do you have any sports in Germany you don’t like or that are very special to you guys in Germany?

Sue and I found it funny that you asked about where I go for football practice – at school of course. Most of our sports courses are organized by our school – is that different in Germany?

By the way – I heard of German sports like biathlon or handball, is that really a thing in Germany?

Well – that’s it for today. Write back soon.

Take care

Peter

TIPP Wie man Inhaltspunkte sammelt

- bei Briefen Anrede und Begrüßung beachten
- Einleitung schreiben
- **alle** Fragen beantworten
- Du musst nicht die Wahrheit sagen! Wichtig ist aber: Schreibe etwas, das die Frage beantwortet.
- ein bis zwei Fragen ausführlicher beantworten
- einen guten Abschluss finden
- bei Briefen: verabschieden

LÖSUNGSHILFEN

Was ist gefordert?

Du hast in einem Fan-Forum für Sport Kontakt zu Peter aus England. Es geht also um den Inhalt „Sport" in England und in Deutschland – sobald du Fragen entdeckst, solltest du diese markieren, denn sie sind wichtig für den Text, den du schreiben sollst. Wenn du alle Aufträge erledigst, bekommst du alle Inhaltspunkte.

Hier sollst du Fragen beantworten. Suche die Fragen und vergleiche sie gegebenenfalls mit den unten stehenden Tipps:

- Er fragt zuerst, wie es dir geht – darauf solltest du immer eingehen und du solltest diese Frage auch an ihn stellen.

- Danach kommt eine direkte Frage zu mehreren Sportarten. Sind sie in Deutschland verbreitet? Für dich kann der Bezug immer daran hängen, ob du selber die Sportarten betreibst, du sie im Sportunterricht kennengelernt hast oder bereits im Fernsehen gesehen hast.

- Die generelle Frage, welche Sportarten du gerne anschaust (3. Frage), musst du natürlich nicht ehrlich beantworten. Wenn du dich selbst nicht für Sport interessierst, beziehe dich auf Großereignisse wie eine Fussball-WM, Olympische Spiele oder überlege, was einige deiner Freunde dazu schreiben könnten. Natürlich kannst du auch „ehrlich" antworten, dass du Sport ungern im Fernsehen oder im Internet anschaust.

- Die 4. Frage beinhaltet eigentlich 2 Fragen: Welche Sportarten magst du nicht und welche Sportarten sind besonders populär in Deutschland – beide Fragen solltest du kurz beantworten.

- Die nächste Frage bezieht sich auf die Organisation von Sport in Deutschland – in England wird Sport oft von den Schulen angeboten. Das ist in Deutschland anders, da man nachmittags zu Sportvereinen geht. (Auch hier: Selbst wenn du davon nicht betroffen bist, gleiche deine Antwort mit den Erfahrungen deiner Freunde ab.)

- Zuletzt wird spezifisch nach zwei deutschen Sportarten gefragt (Biathlon und Handball): Hier kannst du entweder Bezug zu einer von beiden nehmen oder auch erklären, dass es zwar übertragen wird, aber du es persönlich nicht verfolgst.

Hello Peter,

LÖSUNGSHILFEN

Hast du deinen Brief auch vernünftig beendet?

Nun kontrolliere deinen Brief noch einmal sorgfältig:
- Hast du alle Fragen beantwortet?
- Hast du auf Rechtschreibung geprüft?
- Hast du auch keine Wörter vergessen?

Wenn du dir sicher bist, dass du alles hast, schau dir alle Aufgaben des zweiten Prüfungsteils noch einmal an:
- Hast du noch etwas ausgelassen?
- Fällt dir jetzt vielleicht noch eine Lösung ein, auf die du vorher nicht gekommen bist?

Erst wenn du alles sorgfältig geprüft hast, legst du deinen Stift beiseite. Schau auf die Uhr und notiere dir, wie lange du insgesamt gebraucht hast. Trage es in die Tabelle auf Seite 44 ein.

Auswertung

Nun kannst du im Lösungsteil nachsehen, wie gut du zurechtgekommen bist. Trage die Punkte unten in die Tabelle ein. Dann bekommst du einen guten Überblick:

Erster Prüfungsteil: Hörverstehen
- pro richtiger Lösung 1 Punkt

Zweiter Prüfungsteil: Leseverstehen
- Für jedes richtige Ankreuzen und für jedes richtige Beispiel gibt es einen Punkt.
- Für eine richtige Begründung nach “because the text says” bekommst du zwei Punkte.
- Sprachliche Fehler führen nicht zum Punktabzug, solange deine Aussage verständlich und inhaltlich richtig ist.

Zweiter Prüfungsteil: Wortschatz
Der Wortschatz wird in sogenannten Bewertungseinheiten (BE) gemessen. Jede inhaltlich richtige Antwort gilt als richtig. Es gibt keinen Punktabzug bei sprachlichen Fehlern!
- in der ersten Wortschatzaufgabe pro richtiger Lösung 1 BE
- in der zweiten Wortschatzaufgabe pro richtiger Lösung 2 BE
- Die Beispiellösungen zählen auch!

also:

Wortschatzaufgabe 1	6 BE
Wortschatzaufgabe 2	12 BE
Wortschatz insgesamt	18 BE

Diese Bewertungseinheiten werden dann in Punkte umgewandelt. Das geht so:

Bewertungseinheiten (BE) = Punkte									
18 – 17	16 – 15	14 – 13	12 – 11	10 – 9	8 – 7	6 – 5	4 – 3	2 – 1	0
= 9	**= 8**	**= 7**	**= 6**	**= 5**	**= 4**	**= 3**	**= 2**	**= 1**	**= 0**

Zweiter Prüfungsteil: Schreiben
Die Schreibaufgabe wird unter drei Aspekten bewertet. Diese sind: Inhalt, Ausdrucksvermögen und sprachliche Korrektheit.

Inhalt:
Für jede korrekt beantwortete Frage kannst du bis zu zwei Punkte bekommen. Das geht so:
- Ist die Antwort angemessen, also richtig und vollständig: 2 Punkte
- Ist die Antwort unvollständig, zu knapp oder zu oberflächlich: 1 Punkt
- Fehlt die Antwort oder ist sie falsch: 0 Punkte

Du musstest insgesamt 7 Fragen beantworten:

Frage	**deine Punkte**
How have you been?	
Are they popular in Germany?	
What sports do you like watching on TV?	
What sports don't you like?	
What sports are special in Germany?	
Don't you do sports at school in Germany?	
Are handball/biathlon big sports in Germany?	
Gesamtpunktzahl von 14:	

Teile nun deine Gesamtpunktzahl durch 2. Insgesamt kannst du 7 Inhaltspunkte erlangen – 2 weitere, wenn der Text ordentlich eingeleitet und auch beendet ist.

2 zusätzliche Punkte bekommst du bei besonders ausführlicher Beantwortung – insgesamt können aber nicht mehr als 10 Punkte erreicht werden.

Ausdrucksvermögen:
Pro Kriterium sind 2 Punkte möglich (d. h. du kannst zwei, einen oder auch gar keinen Punkt bekommen). Es gelten folgende Kriterien:

1	Hast du einen verständlichen und gut lesbaren Text geschrieben?
2	Hast du in ganzen Sätzen geschrieben?
3	Hast du auch einige Sätze geschrieben, die aus mehreren Teilsätzen bestehen? (Hast du also *linking words* verwendet, wie z. B. *because, that, if*?)

4	Hast du z. B. in einem Brief oder in einer E-Mail an die Anrede, die Begrüßung und die Schlussformel gedacht?
5	Hast du daran gedacht, dass der Empfänger deines Textes kein Deutsch versteht? (Hast du also keine deutschen Wörter verwendet?)

Das ergibt insgesamt höchstens 10 Punkte.

Sprachliche Korrektheit:
Auch hier wird weiter unterteilt, nämlich in Rechtschreibung, Grammatik und Wortschatz. Für jeden Teilaspekt gibt es maximal 2 Punkte. Das geht ungefähr so:

Hast du wenige Fehler gemacht, sodass dein Text trotz der Fehler recht gut zu lesen ist?	2 Punkte
Hast du doch einige Fehler gemacht? Versteht man vielleicht nicht alles ganz klar?	1 Punkt
Hast du sehr viele Fehler gemacht, sodass es ziemlich schwierig ist, deinen Text zu verstehen?	0 Punkte

Das ergibt insgesamt höchstens 6 Punkte.

CHECKLISTE Bewertung

Aufgabe	**Punkte**	**deine Punkte**
Hörverstehen	**11**	
Teil 1	(5)	
Teil 2	(6)	
Leseverstehen	**20**	
Wortschatz	**9**	
Schreiben	**26**	
Inhalt	(10)	
Ausdrucksvermögen	(10)	
Sprachliche Korrektheit	(6)	
Gesamtpunktzahl	**66**	

Nun schau dir die Notentabelle an und finde heraus, welche Note du erhalten hättest:

CHECKLISTE Notentabelle

66 – 57	sehr gut
56 – 45	gut
44 – 34	befriedigend
33 – 28	ausreichend
27 – 13	mangelhaft
12 – 0	ungenügend

Deine Note: ______________________________

Bist du mit deiner Note zufrieden? Mach dir keine Sorgen, wenn es noch nicht so gut geklappt hat. Schließlich war das der erste Test. Du hast noch genug Zeit, dich zu verbessern.

Angeleiteter Test 2 – School and Free Time: Vorbereitung

CHECKLISTE Was du brauchst

1. Zeit Ich habe genug Zeit, um den Test zu bearbeiten:		☐
für den ersten Prüfungsteil		☐
Hörverstehen	(20 Minuten)	☐
für den zweiten Prüfungsteil	(etwa 60 bis 80 Minuten)	☐
Leseverstehen	(25 bis 30 Minuten)	☐
Wortschatz	(10 bis 20 Minuten)	☐
Schreiben	(30 bis 40 Minuten)	☐
für die Kontrolle und Auswertung	(etwa 5 bis 10 Minuten)	☐
2. Arbeitsplatz Ich kann hier in Ruhe arbeiten.		☐
3. Material Ich habe:		☐
eine Uhr (möglichst mit Weckfunktion)		☐
meine Schreibmaterialien (Bleistift, Radiergummi, Füller, Textmarker, Lineal)		☐
für das Hörverstehen: Zugang zum Internet und zur Seite finaleonline.de		☐
wenn du möchtest, auch ein Wörterbuch (aber nur für Notfälle, denn in der Prüfung musst du ohne auskommen)		☐

Zeitplanung und Zeitkontrolle

Trage in die Tabelle ein, wie viel Zeit du pro Aufgabenteil einplanst. Die Checkliste hilft dir dabei. Du könntest aber auch nachschauen, wie viel Zeit du beim letzten Test gebraucht hast. Du kannst die Zeiten als Richtwerte benutzen.

Versuche, mit weniger Zeit auszukommen als beim letzten Mal. Wenn du z. B. letztes Mal 120 Minuten brauchtest, könntest du dir 110 Minuten vornehmen.

Wenn du den letzten Test in 90 Minuten geschafft hast, solltest du nicht versuchen, das zu unterbieten. Dann halte dich ganz einfach an die Zeitvorgaben im Tipp.

TIPP zur Zeiteinteilung

Erster Teil (Hören): 20 Minuten
Zweiter Teil: 70 Minuten
- Lesen: 20 Minuten
- Wortschatz: 10 Minuten
  (je 5 Minuten pro Aufgabe)
- Schreiben: 35 Minuten
- Kontrolle: 5 Minuten

	geplante Zeit	**benötigte Zeit**
Hörverstehen		
Lesen		
Wortschatz		
Schreiben		
Gesamtzeit		

Auswertung Test 2

Ich lag gut in der Zeit. ☐
Ich brauchte nicht mehr als 100 Minuten. ☐
Ich habe es gerade so geschafft. ☐
Ich brauchte mehr Zeit, als ich eingeplant hatte. ☐

Diese Aufgabenteile habe ich schnell lösen können: ____________________

Für diese Aufgabenteile habe ich sehr viel Zeit gebraucht: ____________________

Angeleiteter Test 2 – School and Free Time

Erster Prüfungsteil: Hörverstehen

Aufgabe 1: Hörverstehen Teil 1

Announcements

Track 7

You are going to hear five short texts.

AUFGABEN

- First read the statements below.
- Then listen to the texts and complete the statements.

TIPP

Für jeden Text überlege:
- Was ist das Thema?
- Was sollst du herausfinden?
- Was für eine Information erwartest du?

1 You are at the station and want to go to London. You are going to hear an announcement.

The train arrives at platform ______________________________.

2 As you leave the station in London, you hear someone advertising a sightseeing tour.

A ticket for the open-top bus tour costs £ ______________________ for a 16-year-old.

3 You are at school with your English friend when you hear an announcement about the school play on the school's intercom.
The audition for the school play is ______________________________.

4 Shortly afterwards you hear another announcement on the school's intercom.

The two boys have to go to ______________________________.

5 At the airport you hear an announcement about a delayed flight.

The flight to Mallorca is late because of ______________________________.

LÖSUNGSHILFEN

Hier geht es wieder um selektives Hörverstehen. Aus der Aufgabenstellung ergibt sich für jede Ansage eine bestimmte Situation. Wenn du sie erkannt hast, überlege, welche Informationen du hören könntest, und merke dir gut, welche Information du brauchst. Was für Begriffe erwartest du?

1 "platform" = Gleis: Du erwartest also eine Zahl, vielleicht mit einem Buchstaben am Ende.
2 £: Du brauchst einen Preis, und zwar für einen 16-Jährigen.
3 "The audition (Probe) is ...": Hier musst du ein Datum oder einen Wochentag eintragen! Kannst du die Uhrzeit auch verstehen?
4 Wo müssen die zwei Jungen hingehen? Was kann man hier erwarten?
5 Warum hat ein Flug Verspätung?

Aufgabe 2: Hörverstehen Teil 2

Welcome to The Hayesbrook School

Track 8

You are going to hear some information about The Hayesbrook School in Tonbridge.

AUFGABEN

- First read the statements.
- Then listen to the texts.
- Fill the gaps or give short answers.

TIPP

Wenn du Lücken ausfüllen musst, überlege wieder, was für Begriffe oder Informationen hineinpassen!

1 The Hayesbrook School is only for ______________________.

2 How long are the lessons? ______________________.

3 The Hayesbrook School has partner schools in different countries. Name three:

____

4 Students at The Hayesbrook School are expected to wear the school uniform. What are they not allowed to wear? Name three things:

____

TIPP

Denk daran, dass du dich pro Text maximal auf eine Aussage konzentrieren musst. Der Rest ist hier für die Frage unwichtig.

Bleib ruhig, auch wenn du die eine oder andere Antwort nicht gleich verstehst. Du kannst ja noch ein zweites Mal hören.

LÖSUNGSHILFEN

Bei dieser Aufgabe geht es um selektives Hörverstehen. Du musst dich also nur auf bestimmte Schlüsselwörter konzentrieren.
Hast du diese markiert?

1 "for"
2 "lessons"
3 "partner schools in"
4 "school uniform – not allowed":
Es geht also um Schulkleidung. Sicher weißt du schon, dass es an britischen Schulen meistens Schuluniformen gibt. Es geht hier jedoch nicht um die Schuluniform, sondern um Kleidungsstücke, die eben nicht erlaubt sind. Welche Kleidungsstücke kannst du heraushören, die nicht getragen werden dürfen?

TIPP

Die Fragen werden immer in der Reihenfolge gestellt, wie die Informationen im Text vorkommen.

Zweiter Prüfungsteil: Leseverstehen – Wortschatz – Schreiben

Aufgabe 3: Leseverstehen – *Holidays*

This article is about the ProActive Adventure Centre.

AUFGABEN

- First read the text quickly to get an overall idea.

ProActive Adventure

1.

ProActive Adventure is an outdoor activity centre in the beautiful North Wales town of Llangollen, home of the International Eisteddfod. The company has many years of experience of providing outdoor programmes to schools and other youth groups. All our instructors are highly motivated, professionally qualified and widely experienced leaders. They all hold First Aid certificates.

2.

We are based at Tyn Dwr Hall. The centre is a fantastic old country house, situated in historic woodlands. It has room for up to 72 visitors and can offer a range of accommodation from a Yurt Camp to single or four bed en-suite rooms. The cost of accommodation is very reasonable and ideal for school activity trips. The centre also has several classrooms and IT facilities as well as a games room, a shop and picnic areas. The centre has disabled facilities but only for limited numbers.

3.

There is a full range of activities on offer from which you can choose. They can be undertaken as half or full day sessions. Most schools choose to do one activity in the morning and another in the afternoon. Evening sessions are also available.

4. [ ]

At our Llangollen centre we can offer a range of on-site activities and team development challenges. On the Climbing & Abseiling Tower you can learn new climbing skills and try abseiling. This is great for an introduction to the sport or as a group activity, very popular with our school visitors. We also have a specially built BMX circuit and a High Ropes Course where you can test your nerve on the high abseil platform. There are a number of challenges high among the trees. This is a great team activity that involves everyone. Did you know that the longbow was invented in Wales? At our centre you have the chance to try this ancient skill at our archery range. Of course, we also offer a number of challenges to help develop your team skills, or if you prefer they can be just for fun.

5. [ ]

Naturally, you can also enjoy many different outdoor activities such as hill walking, mountain biking, rock-climbing and abseiling. Depending on the age group and level of ability these activities will vary in difficulty from easy for beginners to challenging for the experienced. If you like water sports, you can opt for kayaking or Canadian canoeing and explore nearby lakes, rivers and the scenic canals of North Wales. If you prefer expeditions with overnight camping, this can also be arranged.

6. [ ]

However, if you like real adrenalin water sport, then white water rafting is for you. We offer sessions at the national white water centre for Wales near Bala. Sessions are two hours long. Another popular but challenging activity is Gorge Walking/Gorge Climbing. Gorge Walking is what your mother told you not to do in rivers: jumping off waterfalls, gorge climbing, abseiling down cliffs into plunge pools, sliding down rocks and most of all getting wet!

7. [ ]

Teachers are welcome to arrange pre-visits. We also provide a teacher pre-visit information pack which includes useful information. For bookings & general queries regarding our outdoor activity centre & our wide range of outdoor activities please contact us through the enquiry form on www.proactive-adventure.com or call our Head Office on 01588 630123.

Quelle: www.proactive-adventure.com

AUFGABEN

- Find the right heading for each paragraph and write it in the box.
- Be careful! There are more headings than paragraphs.

Headings:
Accommodation
Activity sessions
BMX fun
Contacts
For extra-wet adventures
On-site activities
Outdoor activities
Who and where we are

TIPP

- Welche Schlüsselbegriffe findest du in den Überschriften?
- Suche nach Schlüsselwörtern und -begriffen und markiere sie im Text.
- Fang mit den Überschriften an, bei denen du dir sicher bist.

AUFGABEN

- For tasks **1–2 and 5** decide if the statements are true or false and tick the correct box. Then finish these sentences. You can quote from the text.
- For task **3** tick **one** correct box and finish the sentence. You can quote from the text.
- For task **4** finish the information.

1 Outdoor and indoor activities can be booked at the centre.
This statement is
a) true ☐
b) false ☐
because the text says

____

2 The instructors are well trained and reliable.
This statement is
a) true ☐
b) false ☐
because the text says

____

3 Can handicapped people stay at the centre?
a) Handicapped people can stay at the centre in large numbers. ☐
b) Handicapped people can stay at the centre but only up to a defined number. ☐
c) Handicapped people cannot stay at the centre. ☐
because the text says

____

4 The area of the ProActive Adventure Centre is quite large. How do we know?
Give two examples from the text.

____

____

5 The participants have to leave the site for some activities.
This statement is
a) true ☐
b) false ☐
because the text says

____

LÖSUNGSHILFEN

Mit einer Ausnahme geht es bei den Fragen darum, gezielt nach Informationen zu suchen. Falls du die Ausnahme, nämlich Frage 4, nicht als solche erkannt hast, überlege hier noch einmal genau, wie du die Frage beantworten würdest und warum deine Antwort so lautet.
Nun bekommst du einige Hinweise zu den einzelnen Fragen.

1 Der erste Absatz beantwortet die Frage. Zur Sicherheit kannst du aber auch noch einmal die einzelnen Aktivitäten durchgehen.

2 Du musst die Stelle finden, wo es um die Übungsleiter geht, nämlich am Ende des ersten Absatzes. Dann müsste die Antwort klar sein.

3 Du kennst sicher das Problem, dass manchmal Orte und Einrichtungen nicht behindertengerecht sind. Welche Auskunft gibt der Text am Ende des zweiten Absatzes?

4 Dies ist die Frage, zu der du keine direkte Antwort an einer bestimmten Stelle findest, weil die Größe nirgendwo beschrieben wird. Hier musst du aus dem, was über das Zentrum gesagt wird, auf seine Größe schließen. Informationen, die das zulassen, finden sich im 2. und 4. Absatz.

5 Die wesentlichen Informationen gibt Absatz 5.

Aufgabe 4: Wortschatz

School exchange

AUFGABEN

- Complete the following sentences with words from the boxes below.
- Use each word only once.
- There is one more word than you need.

with	on	about	by	to	from	for

1 Every year, 25 students ______________________ their German partner school come to Queen's High School in Dunedin.

2 They stay ______________________ their host family for a week.

3 They go ______________________ school with their exchange partner.

4 Dunedin was partly built ______________________ Scottish settlers.

5 After school we all hike to Sandfly Bay and go ______________________ a swim.

6 The exchange is always a hit and everyone learns a lot ______________________ life in New Zealand.

LÖSUNGSHILFEN

Wenn du die vorgegebenen Lösungswörter kennst, fällt dir diese Aufgabe bestimmt nicht schwer.
Hier eine kleine Vokabelhilfe:
host family = Gastfamilie
settlers = Siedler
hike = wandern

School exchange – what to do?

AUFGABEN

- Make a list of interesting things and places for a school exchange.
- Write down 8 different words.

TIPP

- Achte auf die Rechtschreibung!
- Fang mit den Wörtern an, bei denen du dir absolut sicher bist!
- Du musst nicht mehr als 8 Wörter schreiben!

zoo ______________________ ______________________

______________________ ______________________

______________________ ______________________

______________________ ______________________

______________________ ______________________

Aufgabe 5: Schreiben

Here is a letter from Nick, your English exchange partner.

AUFGABEN

- Read the letter and write back to Nick.
- Answer all his questions.
- Think of a good start and a good ending to your letter.
- Write at least 100 words.
- Write in full sentences.

TIPP

- Ausgangstext gut durchlesen: Worum geht es?
- Vorwissen aktivieren: Was weiß ich schon zum Thema?
- Fragen farbig markieren!

Hello …,

My name is Nick and I'm your exchange partner. I'm fifteen years old and I live in Longfield. I'm so happy to be on the exchange. I have never been to Germany and I can't wait to go.
When you come to stay with us, you will have your own room. There are four of us in the family: my father, my mother, my little sister Jessie and me. We have a dog called Rover. He is a very friendly dog. Do you you like dogs?
Tell me about your school and your school day. Which subjects do you like and what are you good at? What do you do in your free time?
Mum wants to know what food you like and what you don't like.

That's all for today. Write back soon.

See you,
Nick

LÖSUNGSHILFEN

Du solltest markiert haben:

- "Do you you like dogs?"
- "Tell me about your school and your school day." Das sind keine direkten Fragen, aber du musst dazu etwas schreiben.
- "Which subjects do you like and what are you good at?" Das sind zwei Fragen.
- "What do you do in your free time?"
- Zum Schluss will die Mutter etwas wissen: " ... What food do you like ... " und "... what you don't like ..." Auch dazu kannst du sicher leicht etwas schreiben.

TIPP

- Anrede und Begrüßung beachten
- Einleitung schreiben
- alle Fragen beantworten
- Du musst nicht die Wahrheit sagen! Hauptsache ist, dass du etwas schreibst, das die Frage beantwortet.
- ein bis zwei Fragen ausführlicher beantworten
- einen guten Abschluss finden
- verabschieden

Hi Nick,

LÖSUNGSHILFEN

Hast du deine E-Mail auch vernünftig beendet?

Nun kontrolliere deine E-Mail noch einmal sorgfältig:
- Hast du alle Fragen beantwortet?
- Hast du auf Rechtschreibung geprüft?
- Hast du auch keine Wörter vergessen?

Wenn du dir sicher bist, dass du alles hast, schau dir alle Aufgaben des zweiten Prüfungsteils noch einmal an:
- Hast du noch etwas ausgelassen?
- Fällt dir jetzt vielleicht noch eine Lösung ein, auf die du vorher nicht gekommen bist?

Erst wenn du alles sorgfältig geprüft hast, legst du deinen Stift beiseite. Schau auf die Uhr und notiere dir, wie lange du insgesamt gebraucht hast. Trage es in die Tabelle auf Seite 60 ein.

Auswertung

Bevor du mit der Auswertung beginnst, trage in die Tabelle auf Seite 60 ein, wie viel Zeit du für die einzelnen Aufgaben benötigt hast.

Nun sieh im Lösungsteil nach, wie gut du zurechtgekommen bist. Trage die Punkte unten in die Tabelle ein.

Erster Prüfungsteil: Hörverstehen
- pro richtiger Lösung 1 Punkt

Zweiter Prüfungsteil: Leseverstehen
- Für jedes richtige Ankreuzen gibt es einen Punkt.
- Ebenso gibt es jeweils einen Punkt, wenn du ein richtiges Beispiel aus dem Text zitierst.
- Für eine richtige Begründung nach "because the text says" bekommst du zwei Punkte.
- Sprachliche Fehler führen nicht zum Punktabzug, solange deine Aussage verständlich und inhaltlich richtig ist.

Zweiter Prüfungsteil: Wortschatz
Der Wortschatz wird in sogenannten Bewertungseinheiten (BE) gemessen. Jede inhaltlich richtige Antwort gilt als richtig. Es gibt keinen Punktabzug bei sprachlichen Fehlern!
- in der ersten Wortschatzaufgabe pro richtiger Lösung 1 BE
- in der zweiten Wortschatzaufgabe pro richtiger Lösung 2 BE

also:

Wortschatzaufgabe 1	6 BE
Wortschatzaufgabe 2	16 BE
Wortschatz insgesamt	22 BE

Diese Bewertungseinheiten werden dann in Punkte umgewandelt. Das geht so:

Bewertungseinheiten (BE) = Punkte									
22 – 21	20 – 19	18 – 17	16 – 15	14 – 13	12 – 10	9 – 7	6 – 4	3 – 1	0
= 9	**= 8**	**= 7**	**= 6**	**= 5**	**= 4**	**= 3**	**= 2**	**= 1**	**= 0**

Für den Wortschatzteil kannst du also insgesamt 9 Punkte bekommen.

Zweiter Prüfungsteil: Schreiben
Die Schreibaufgabe wird unter drei Aspekten bewertet. Diese sind: Inhalt, Ausdrucksvermögen und sprachliche Korrektheit.

Inhalt:
Für jede korrekt beantwortete Frage kannst du bis zu zwei Punkte bekommen. Das geht so:
- Ist die Antwort angemessen, also richtig und vollständig: 2 Punkte
- Ist die Antwort unvollständig, zu knapp oder zu oberflächlich: 1 Punkt
- Fehlt die Antwort oder ist sie falsch: 0 Punkte

Du musstest insgesamt 10 Fragen beantworten:

Frage	**deine Punkte**
Do you like dogs?	
Tell me about your school. (What is your school like?)	
Tell me about your school day. (What do you do at school?)	
Which subjects do you like?	
What are you good at?	
What do you do in your free time?	
Mum wants to know what food you like. (What food do you like?)	
Mum wants to know what (food) you don't like. (What don't you like?)	
Gesamtpunktzahl von 16:	

Teile nun deine Gesamtpunktzahl durch 2. Dann kannst du maximal 8 Punkte haben.

2 Punkte kannst du auch bekommen, wenn du deinen Text ordentlich einleitest und auch beendest.

Außerdem kannst du noch 2 Punkte zusätzlich bekommen, wenn du eine oder mehrere Fragen besonders ausführlich beantwortest. **Allerdings kannst du nicht mehr als 10 Punkte insgesamt erhalten!**

Ausdrucksvermögen:
Pro Kriterium sind 2 Punkte möglich (d.h. du kannst zwei, einen oder auch gar keinen Punkt bekommen). Es gelten folgende Kriterien:

1	Hast du einen verständlichen und gut lesbaren Text geschrieben?
2	Hast du in ganzen Sätzen geschrieben?
3	Hast du auch einige Sätze geschrieben, die aus mehreren Teilsätzen bestehen? (Hast du also *linking words* verwendet, wie z. B. *because, that, if*?)
4	Hast du z. B. in einem Brief oder in einer E-Mail an die Anrede, die Begrüßung und die Schlussformel gedacht?
5	Hast du daran gedacht, dass der Empfänger deines Textes kein Deutsch versteht? (Hast du also keine deutschen Wörter verwendet?)

Das ergibt insgesamt höchstens 10 Punkte.

Sprachliche Korrektheit:
Auch hier wird weiter unterteilt, nämlich in Rechtschreibung, Grammatik und Wortschatz. Für jeden Teilaspekt gibt es maximal 2 Punkte. Das geht ungefähr so:

Hast du wenige Fehler gemacht, sodass dein Text trotz der Fehler recht gut zu lesen ist?	2 Punkte
Hast du doch einige Fehler gemacht? Versteht man vielleicht nicht alles ganz klar?	1 Punkt
Hast du sehr viele Fehler gemacht, sodass es ziemlich schwierig ist, deinen Text zu verstehen?	0 Punkte

Das ergibt insgesamt höchstens 6 Punkte.

CHECKLISTE Bewertung

Aufgabe	**Punkte**	**deine Punkte**
Hörverstehen	**11**	
Teil 1	(5)	
Teil 2	(6)	
Leseverstehen	**17**	
Wortschatz	**9**	
Schreiben	**26**	
Inhalt	(10)	
Ausdrucksvermögen	(10)	
Sprachliche Korrektheit	(6)	
Gesamtpunktzahl	**63**	

CHECKLISTE Notentabelle

63 – 56	sehr gut
55 – 46	gut
45 – 36	befriedigend
35 – 27	ausreichend
26 – 11	mangelhaft
10 – 0	ungenügend

Deine Note: ______________________________

Toll wäre es, wenn du dich im Gegensatz zum ersten Test verbessern konntest. Es kann aber auch ein gutes Zeichen sein, wenn du die Note halten konntest oder vielleicht der nächsthöheren Note ein wenig näher gekommen bist.

Angeleiteter Test 3 – The Media: Vorbereitung

CHECKLISTE Was du brauchst

1. Zeit Ich habe genug Zeit, um den Test zu bearbeiten:		☐
für den ersten Prüfungsteil		☐
Hörverstehen	(20 Minuten)	☐
für den zweiten Prüfungsteil	(etwa 70 Minuten)	☐
Leseverstehen	(20 bis 30 Minuten)	☐
Wortschatz	(10 bis 20 Minuten)	☐
Schreiben	(30 bis 40 Minuten)	☐
für die Kontrolle und Auswertung	(etwa 10 bis 15 Minuten)	☐
2. Arbeitsplatz Ich kann hier in Ruhe arbeiten.		☐
3. Material Ich habe:		☐
eine Uhr (möglichst mit Weckfunktion)		☐
meine Schreibmaterialien (Bleistift, Radiergummi, Füller, Textmarker, Lineal)		☐
für das Hörverstehen: Zugang zum Internet und zur Seite finaleonline.de		☐
wenn du möchtest, auch ein Wörterbuch (aber nur für Notfälle, denn in der Prüfung musst du ohne auskommen)		☐

Zeitplanung und Zeitkontrolle

Trage in die Tabelle ein, wie viel Zeit du pro Aufgabenteil einplanst. Die Checkliste hilft dir dabei. Du könntest aber auch nachschauen, wie viel Zeit du beim letzten Test gebraucht hast. Du kannst die Zeiten als Richtwerte benutzen.

Versuche, mit weniger Zeit auszukommen als beim letzten Mal. Wenn du z. B. letztes Mal 100 Minuten brauchtest, könntest du dir 90 Minuten vornehmen.

Wenn du den letzten Test in 90 Minuten geschafft hast, solltest du nicht versuchen, das zu unterbieten. Dann halte dich ganz einfach an die Zeitvorgaben im Tipp.

TIPP zur Zeiteinteilung

Erster Teil (Hören): 20 Minuten
Zweiter Teil: 70 Minuten
– Lesen: 20 Minuten
– Wortschatz: 10 Minuten
(je 5 Minuten pro Aufgabe)
– Schreiben: 30 bis 40 Minuten

	geplante Zeit	**benötigte Zeit**
Hörverstehen		
Lesen		
Wortschatz		
Schreiben		
Gesamtzeit		

Auswertung Test 3

Ich lag gut in der Zeit. ☐
Ich habe es gerade so geschafft. ☐
Ich brauchte mehr Zeit, als ich eingeplant hatte. ☐

Diese Aufgabenteile habe ich schnell lösen können: ____________________

Für diese Aufgabenteile habe ich sehr viel Zeit gebraucht: ____________________

Angeleiteter Test 3 – The Media

Erster Prüfungsteil: Hörverstehen

Aufgabe 1: Hörverstehen Teil 1

Welcome to the AMC Theater

Track 9

You are in the cinema and hear five announcements.

AUFGABEN

- First read the questions below.
- Then listen to the texts and answer the questions.

TIPP

Für jeden Text überlege:
- Was ist das Thema?
- Was sollst du herausfinden?
- Was für eine Information erwartest du?

1 At what time is the film "Julie and Julia" on?
It's on at ______________________________.

2 How much does a large bag of popcorn cost?
It costs $ ______________________________.

TIPP

Lass dich nicht verwirren!
- Warte auf die Information, die du brauchst.

3 Which film has got an R-rating?
(You have to be at least 18 years old.)

______________________________ has got an R-rating.

4 How long is the film "Australia"?

It's ______________________________ long.

5 Which day has the special price offer? ______________________________

Aufgabe 2: Hörverstehen Teil 2

Cyber-bullying: One teenager's experience

Track 10

Just over a fifth of children have witnessed a classmate or friend bullied online and the study from the Anti-Bullying Alliance says only a third of those bullied told their parents about the issue. You are going to hear a documentary on a teenager, Sanjit Singh, who was cyber-bullied and now helps others overcome it.

AUFGABEN

- First read the tasks.
- Then listen to the documentary.
- While you are listening, tick the correct box or write down the information needed.

1 What happened to Sanjit Singh?
a) He was cyber-bullied but he got over it.
b) He was beaten up by some schoolmates.
c) He was betrayed by his girlfriend.

2 Someone at his school ...
a) hacked his email account and sent numerous fake emails in his name.
b) set up a social media account in his name and created fake images of his face on various other naked images.
c) drew an ugly picture of him and put it up on the notice-board in school.

TIPP

Aufgepasst!
- Nicht immer ist die Antwort so einfach, wie es scheint.
- Manchmal sind die Aussagen im Hörtext anders formuliert.
- Manchmal unterscheiden sich die drei Antworten nur in einem kleinen Detail. Darauf musst du dann besonders achten!

3 Sanjit's whole class ____.

4 Sanjit hated himself and ____.

5 Even in his cricket team it got worse when ____.

6 How did Sanjit get active?
a) He told his parents and they reported it to the police.
b) He told his best friend and together they paid them back.
c) He told his cricket coach and the school had the social media site removed.

7 His social media account was deactivated and cleared away but why was this not enough?

____

____

8 Many teenagers today ____.

9 Sanjit's school trains students to become so-called 'cyber-mentors' – what do they do?

____

____

- Now listen to the documentary again and complete your answers.

Zweiter Prüfungsteil: Leseverstehen – Wortschatz – Schreiben

Aufgabe 3: Leseverstehen – *Teens in Great Britain and their phones*

This article shows how teenagers in Great Britain use their mobile phones. Some of the results are quite surprising.

TIPP

Das ist ein ziemlich langer Text, der sehr viele Informationen enthält.

- Lass dich nicht verwirren!
- Du musst den Text nicht im Detail verstehen!
- Konzentriere dich auf die Aussagen!

AUFGABEN

- First read the text.
- Then do tasks **1–7**.

Teens in Great Britain and their phones

Every day teenagers are bombarded with messages, pictures and newsfeeds from all around the world. The problem is that children in Great Britain are constantly getting younger when they first have their own mobile phone or use the internet. Almost a third are six or even younger, and often their parents don't look over their shoulder. And the time they spend online gathering information, interacting via social media, or simply playing games and watching videos, is increasing[1] all the time. Almost 40 per cent of 15 year olds use their mobile phones or tablets more than 6 hours a day, which makes them 'extreme internet users'.

At the same time, more and more teenagers experience cyber-bullying or find harmful content on the internet. There are two problems here: On the one hand, the more time a teenager spends online, the more she or he will notice the negative impacts of the internet, and on the other hand teenagers are often not really prepared to deal with this – they are emotionally very vulnerable. So the use of the internet can have negative effects on their personality and social life. Apart from that, some teenagers in Britain lose money on online games. But to simply blame the youngsters would be wrong. Data about adults and their use of mobile phones and the internet shows similar developments. However, while adults have fewer problems with finding their own personality and usually react less to peer pressures, teenagers still have to find out who they are. They are easily shaken by these problems and often have no self-esteem. Although some teenagers know about these negative side effects, many cannot resist using their phone. They fear missing out, losing touch with friends and being isolated.

Present-day teenagers are "digital natives": their life is informed by the use of mobile phones and the internet. Yet they seem not to know how to handle these media. Parents often try to ban children from their phones or shorten their phone-time, but these measures[2] seem to have no effect. It would be better to teach teenagers about the dangers of over-using their phones, to make them emotionally stronger against bullying and to make them understand how to behave online.

In all these respects, parents and children shouldn't be left alone: they need the help of politics and schools. British teenagers need to understand that real life is not only about "likes" and "followers" and that the system they use can be addictive.

Annotations

1 **to increase** – ansteigen

2 **measure** – Maßnahme

- For tasks **1**, **4 and 5** decide if the statements are true or false and tick the correct box. Then finish the sentences. You can quote from the text.
- For task **2** underline the correct phrases.
- For tasks **3** and **6** choose the correct answer.
- For task **7** finish the information.

1 British teenagers using a mobile phone keep getting older.
This statement is
a) true ☐
b) false ☐
because the text says

____

2 Which factors connected with the internet and social media are mentioned in the text as being particularly harmful for teenagers. Underline the correct answers.

extreme use | being online at night | cyber-bullying | money games | digital natives | hacking

3 The text says cyber-bullying is more likely to occur if …
a) a teenager behaves wrongly online. ☐
b) a teenager doesn't have a new phone/laptop. ☐
c) a teenager spends a lot of time online. ☐

4 The negative effects of mobile and internet use are the same with teenagers and adults.
This statement is
a) true ☐
b) false ☐
because the text says

____

5 Teenager grow up with mobile phones but they don't really know how to use them well.
This statement is
a) true ☐
b) false ☐
because the text says

____

6 In order to help their children, parents should ... ☐
a) forbid them to spend more than two hours online. ☐
b) not give them a mobile phone at all. ☐
c) teach them about the dangers of the internet and social media and how to react to them. ☐

7 Note down **two** things British teenagers need to understand when it comes to mobile phone use.

____

____

LÖSUNGSHILFEN

Sieh dir genau an, was du jeweils herausfinden sollst. Du musst nämlich nicht alles verstehen. Achte auf Details!

Aufgabe 4: Wortschatz – *Media use*

Statistics

AUFGABEN

- Complete the following statements with words from the boxes below.
- Use each expression only once.
- There is one more expression than you need.

TIPP

- Hier hilft es, wenn du gut in Mathe bist!
- Denk daran, dass eine Lösungsmöglichkeit übrig bleibt!

a big majority	about a quarter	a very small minority	everyone
two thirds	just over half	less than half	a third

Grade 8 students did a survey. There are 153 students. Here are some of the results:

1 153 students watch television every day.

That's ____.

2 102 students watch two hours of television every day.

That's exactly ____.

3 38 students do not have their own TV set.

That's ____.

4 90% of the students like fantasy films.

That's ____.

5 68 students like action films.

That's ______________________________.

6 79 students like casting shows.

That's ______________________________.

7 Only 5% watch documentaries.

That's ______________________________.

LÖSUNGSHILFEN

Wenn du dich mit den Mengenangaben nicht so gut auskennst, kannst du vielleicht eine kleine Starthilfe gebrauchen:
majority = Mehrheit
minority = Minderheit
a third kommt von *three* und bedeutet ein Drittel
less than = weniger als
Schau dir die Zahlen gut an und rechne ruhig nach.

Things to do

AUFGABEN

- Complete the following sentences with suitable verbs.

TIPP

Wie du sehen kannst, musst du Verben einsetzen.

TIPP

Denk an die Regel:
- He, she, it – das s muss mit!
  (he dances, she eats, it rains)

1 Brad wants to ______________________ himself an MP3 player with his pocket money.

2 He ______________________ listening to music.

3 Everyday he ______________________ on his computer.

4 He ______________________ a lot of video games.

5 In the evenings he often ______________________ television.

6 Before he goes to sleep he ______________________ a book.

7 Sometimes he ______________________ to the cinema with his friends.

Aufgabe 5: Schreiben

AUFGABEN

- Read about the advertisement on "Be-The-Festival" website.
- Write an email in which you apply to become a volunteer at the "Bouncing Rhythm" festival.

When in New Zealand – Be-The-Festival

Are you looking for a festival job? Then become part of our team and help organise one of the biggest festivals in New Zealand. Passionate and dedicated help is always wanted and, whether you are a citizen or a tourist, we will make sure you end up doing what you enjoy.
This time of year, Be-The-Festival (BTF) advertises and supports the Bouncing Rhythm Festival near the lovely lakeside town of Wanaka, just one hour north of Queenstown. Up to seven stages will turn up the heat there and make your heart bounce while your eyes wander over the Wanaka River and its nearby mountains.
Rolling hills and man-made waterslides, local camping sites with international visitors, food from the villages and music from around the world – you just have to be there to believe it! From 29th December to 2nd January, this festival makes you celebrate the year that was and look forward to adventures ahead. Our festival staff and volunteers play a big part in creating this atmosphere and help festivalgoers to get a great experience. By joining the Be-The-Festival team you will be part of this project!
If you've not worked at a festival before, you are on the right website, because with us you'll gain experience in the festival industry, add new skills to your CV and make festival contacts. In the end, the success of this festival depends on your work, helping to create four days of bouncing music in Wanaka in all the styles of the planet.
Our volunteers oversee the shows, assist festivalgoers, help crowds at concerts and go behind the scenes to help with production and managing aspects of the Festival.

Volunteers come from New Zealand, Australia and the rest of the world – in order to apply, you must be 16 or older, speak some English, and hand in your application by the 15th August (see the BTF website). If you have questions, do not hesitate to contact us.
See you soon in Wanaka and till then: Kia Ora.

HIGHLIGHTS
- Access to all stages and stars
- Volunteer shirt and sunglasses
- Meeting the world in Wanaka and meeting the local New Zealanders
- The best music and food during the four days for free
- Staying near Mount Aspiring National park with all its beauty

VOLUNTEER ROLES
- manage other staff
- work in the arena and supervise crowds
- be on campsite zones and supervise
- keep the crowds safe at the entrance and exits
- be one of the festival's buggy drivers
- and, and, and …

Interested??? Then get "your A into G" and write an e-mail including the following information to Rachel Tacker (Rachel.Tacker@BTF.nz)
- your name, country of residence, date of birth
- education, language skills, hobbies
- what work fields of the described Festival interest you
- why you want to become a volunteer, including any experience and information that might be helpful

LÖSUNGSHILFEN

Überlege dir sehr gut, welche Informationen über dich wichtig für die Organisation sein können und dich für die Stelle qualifizieren. Schau dir hierzu auch besonders die Übersicht der möglichen Arbeitsbereiche an. Vielleicht hast du schon Erfahrungen in einem oder mehreren Bereichen gesammelt?
Auf Seite 37 findest du Informationen zur Verfassung eines Bewerbungsbriefes.

To:	Rachel.Tacker@BTF.nz

Dear Ms Tacker,

Auswertung

Bevor du mit der Auswertung beginnst, trage in die Tabelle auf Seite 76 ein, wie viel Zeit du für die einzelnen Aufgaben benötigt hast.
Nun sieh im Lösungsteil nach, wie gut du zurechtgekommen bist. Trage die Punkte unten in die Tabelle ein.

Erster Prüfungsteil: Hörverstehen
- pro richtiger Lösung 1 Punkt

Zweiter Prüfungsteil: Leseverstehen
- Für jedes richtige Ankreuzen gibt es einen Punkt.
- Ebenso gibt es jeweils einen Punkt, wenn du ein richtiges Beispiel aus dem Text zitierst.
- Für eine richtige Begründung nach "because the text says" bekommst du zwei Punkte.
- Sprachliche Fehler führen nicht zum Punktabzug, solange deine Aussage verständlich und inhaltlich richtig ist.

Zweiter Prüfungsteil: Wortschatz
Der Wortschatz wird zunächst in so genannten Bewertungseinheiten (BE) gemessen. Jede **inhaltlich** richtige Antwort gilt als richtig. Es gibt **keinen** Punktabzug bei sprachlichen Fehlern!
- in der ersten Wortschatzaufgabe pro richtiger Lösung 1 BE
- in der zweiten Wortschatzaufgabe pro richtiger Lösung 2 BE

also:

Wortschatzaufgabe 1	7 BE
Wortschatzaufgabe 2	14 BE
Wortschatz insgesamt	21 BE

Diese Bewertungseinheiten werden dann in Punkte umgewandelt. Das geht so:

Bewertungseinheiten (BE) = Punkte										
21 – 19	18 – 17	16 – 15	14 – 13	12 – 11	10 – 9	8 – 7	6 – 5	4 – 3	2 – 1	0
= 10	**= 9**	**= 8**	**= 7**	**= 6**	**= 5**	**= 4**	**= 3**	**= 2**	**= 1**	**= 0**

Für den Wortschatzteil kannst du also insgesamt 10 Punkte bekommen.

Zweiter Prüfungsteil: Schreiben
Die Schreibaufgabe wird unter drei Aspekten bewertet. Diese sind: Inhalt, Ausdrucksvermögen und sprachliche Korrektheit.

Inhalt:
Für jeden Aspekt, auf den du eingehst beziehungsweise jede Qualifikation, die du erläuterst, kannst du 2 Punkte bekommen. Das geht so:
- Ist die Angabe angemessen, also gefordert und vollständig: 2 Punkte
- Ist die Angabe unvollständig, zu knapp oder oberflächlich: 1 Punkt
- Fehlt eine wichtige Angabe oder ist sie unzutreffend: 0 Punkte

Du solltest mindestens auf folgende 5 Angaben eingehen:

Angaben	**deine Punkte**
• your name, country of residence, date of birth (→ full sentences!)	
• education, language skills, hobbies → Tell about the school(s) you have gone to and graduated from, the languages you can speak and your hobbies.	
• what work fields interest you → Explain where you would like to work – in the arena, on the campsite, etc.	
• Please explain why you want to become a volunteer ... → Give reasons why you would like to help at the festival. Maybe you just feel needed or want to make a difference, learn something new, see the world, make new friends, do something different, have fun, etc.	
• including any experience and information that might be helpful → Look at the possible work that needs to be done, choose what you are good at and name any qualifications that can help you deal with these situations.	

Teile nun deine Gesamtpunktzahl durch 2. Dann kannst du maximal 5 Punkte haben.
2 weitere Punkte kannst du bekommen, wenn du deinen Text ordentlich einleitest und auch beendest. Außerdem kannst du noch 3 Punkte zusätzlich bekommen, wenn du eine oder mehrere Fragen besonders ausführlich beantwortest. **Allerdings kannst du nicht mehr als 10 Punkte insgesamt erhalten!**

Ausdrucksvermögen:
Pro Kriterium sind 2 Punkte möglich (d. h. du kannst zwei, einen oder auch gar keinen Punkt bekommen). Es gelten folgende Kriterien:

1	Hast du einen verständlichen und gut lesbaren Text geschrieben?
2	Hast du in ganzen Sätzen geschrieben?
3	Hast du auch einige Sätze geschrieben, die aus mehreren Teilsätzen bestehen? (Hast du also *linking words* verwendet, wie z. B. *because, that, if*?)
4	Hast du an die Anrede, die Begrüßung und die Schlussformel gedacht?
5	Hast du daran gedacht, dass der Empfänger deines Textes kein Deutsch versteht? (Hast du also keine deutschen Wörter verwendet?)

Das ergibt insgesamt höchstens 10 Punkte.

Sprachliche Korrektheit:
Auch hier wird weiter unterteilt, nämlich in Rechtschreibung, Grammatik und Wortschatz. Für jeden Teilaspekt gibt es maximal 2 Punkte. Das geht ungefähr so:

Hast du wenige Fehler gemacht, sodass dein Text trotz der Fehler recht gut zu lesen ist?	2 Punkte
Hast du doch einige Fehler gemacht? Versteht man vielleicht nicht alles ganz klar?	1 Punkt
Hast du sehr viele Fehler gemacht, sodass es ziemlich schwierig ist, deinen Text zu verstehen?	0 Punkte

Das ergibt insgesamt höchstens 6 Punkte.

CHECKLISTE Bewertung

Aufgabe	Punkte	deine Punkte
Hörverstehen	**15**	
Teil 1	(5)	
Teil 2	(9)	
Leseverstehen	**16**	
Wortschatz	**10**	
Schreiben	**26**	
Inhalt	(10)	
Ausdrucksvermögen	(10)	
Sprachliche Korrektheit	(6)	
Gesamtpunktzahl	**67**	

Nun schau dir die Notentabelle an und finde heraus, welche Note du erhalten hättest:

CHECKLISTE Notentabelle

67 – 61	sehr gut
60 – 52	gut
51 – 41	befriedigend
40 – 29	ausreichend
28 – 12	mangelhaft
11 – 0	ungenügend

Deine Note: ______________________

Was hast du gut gemacht?

____

____

Was kannst du noch verbessern?

____

____

Test 4 – The World of Work: Vorbereitung

CHECKLISTE Was du brauchst

1. Zeit Ich habe genug Zeit, um den Test zu bearbeiten:		☐
für den ersten Prüfungsteil		☐
Hörverstehen	(20 Minuten)	☐
für den zweiten Prüfungsteil	(etwa 70 Minuten)	☐
Leseverstehen	(20 bis 25 Minuten)	☐
Wortschatz	(10 bis 15 Minuten)	☐
Schreiben	(30 bis 35 Minuten)	☐
für die Kontrolle und Auswertung	(etwa 10 bis 15 Minuten)	☐
2. Arbeitsplatz Ich kann hier in Ruhe arbeiten.		☐
3. Material Ich habe:		☐
eine Uhr (möglichst mit Weckfunktion)		☐
meine Schreibmaterialien (Bleistift, Radiergummi, Füller, Textmarker, Lineal)		☐
für das Hörverstehen: Zugang zum Internet und zur Seite finaleonline.de		☐
wenn du möchtest, auch ein Wörterbuch (aber nur für Notfälle, denn in der Prüfung musst du ohne auskommen)		☐

Ab jetzt musst du ohne Lösungshilfen auskommen! Wenn du die Tipps bis jetzt immer angenommen hast, schaffst du das auch. Solltest du trotzdem einmal nicht weiterwissen, schlage in Teil A nach. Dort findest du schließlich alle Tipps und Regeln zu den einzelnen Aufgabenbereichen.

Zeitplan und Zeitkontrolle

	geplante Zeit	benötigte Zeit
Hörverstehen		
Lesen		
Wortschatz		
Schreiben		
Gesamtzeit		

Auswertung Test 4

Wenn du den vierten Test bearbeitet hast, vervollständige die Tabelle oben und kreuze dann die passende Aussage an.

Ich lag gut in der Zeit. ☐
Ich habe es gerade so geschafft. ☐
Ich brauchte mehr Zeit, als ich eingeplant hatte. ☐

Diese Aufgabenteile habe ich schnell lösen können: ______________________

Für diese Aufgabenteile habe ich sehr viel Zeit gebraucht: ______________________

Wenn du immer noch Probleme mit der Zeiteinteilung hast, musst du dich zwingen, erst die Aufgaben zu lösen, die dir leichter fallen und die die meisten Punkte einbringen. Die meisten Punkte bringt die Schreibaufgabe ein. Die musst du also unbedingt lösen!

TIPP

Du musst genug Zeit für die Schreibaufgabe haben, denn sie bringt die meisten Punkte!

Wenn du zum Beispiel beim Wortschatz immer schlecht abschneidest, solltest du diesen Aufgabenteil immer zum Schluss lösen.

Da du bei der ersten Wortschatzaufgabe immer Lösungswörter vorgegeben bekommen hast, setze lieber irgendetwas ein, selbst wenn du nicht weißt, ob es richtig ist oder nicht.

TIPP

Verschenke trotzdem keine Punkte!
- Lass keine Lücke aus, wenn Lösungen vorgegeben sind!

Das Gleiche gilt für die Leseaufgabe. Wenn du Lösungen gegeben hast und wirklich nicht weiterweißt, dann verlass dich auf dein Glück!

Test 4 – The World of Work

Erster Prüfungsteil: Hörverstehen

Aufgabe 1: Hörverstehen Teil 1

Radio adverts

Track 11

You will hear five radio adverts advertising different jobs.

AUFGABEN

- There are ten tasks. Give single word/short answers.
- Read the tasks before listening to the adverts.
- Listen to the announcements twice.

Announcement 1:

1 What job is being advertised? ____________________

2 What is the salary per hour? £ ____________________

Announcement 2:

3 What job is being advertised? ____________________

4 What are the working hours? ____________________

Announcement 3:

5 Where is the job? ____________________

6 How long is the training course? ____________________

Announcement 4:

7 What kind of job is being advertised? ____________________

8 What qualifications do you need to do this job? ____________________

Announcement 5:

9 Where is the job? ____________________

10 What special qualification is required? ____________________

Aufgabe 2: Hörverstehen Teil 2

Where do they work?

Track 12

You are going to hear five conversations with different people at work.

AUFGABEN

- First look at the different work places in the boxes below.
- Then listen to the five conversations.
- Choose the right work place for each conversation.
- There is one more work place than you need.

travel agency	restaurant/pub	hospital
garage	clothes shop	airport

Conversation 1: ______________________

Conversation 2: ______________________

Conversation 3: ______________________

Conversation 4: ______________________

Conversation 5: ______________________

Zweiter Prüfungsteil: Leseverstehen – Wortschatz – Schreiben

Aufgabe 3: Leseverstehen – *Work experience*

This text is about Owain's work experience

AUFGABEN

- First read the text.
- Then do tasks **1–6**.

A Difficult Start

Where do I start? I had the day planned carefully, as it was my first day working in the museum in Caerleon, Wales. I got up a bit too late, so having breakfast wasn't a real option for me. On the bright side, I wasn't afraid anymore to miss my train. The internet map told me it would take only 15 minutes from Pontcanna (Cardiff) to the main train station in Cardiff. What my smartphone didn't tell me: two roads were blocked and it started to rain like cats and dogs, meaning I had to start jogging through the pouring rain. I got my train at the last second. I was soaking wet and hungry.

The train took me to Newport, around 20 minutes away from Cardiff, where I had to catch a bus. The bus station looked quite small, but when I finally got there, I had no idea where to go in order to catch Bus 27 leaving from Stand 7. Apparently, there had been a change and the bus now left from Stand 1 – without me. I knew I was getting late and called the museum. A woman named Marie picked up the phone but she had no idea who I was and simply said I should be there as quickly as possible. When I tried to explain my late arrival, she simply hung up. Great ...

I used the time to go to a kiosk, get something to eat and warm up a bit.

After 20 long minutes I saw Bus 27 and rushed to Stand 7 – this time it was correct. Even though the landscape during the ride was beautiful, as it had by now finally stopped raining, I felt awful and was afraid the staff in the museum might think the worst of me. Because I didn't have the exact amount of money, I paid 2 pounds – 50 pence too much – for the bus ride. Important: Never go on British buses without the exact money for the journey, as they don't give you change.

When I came to the National Roman Legion Museum 30 minutes late, another woman called Julie welcomed me at the information desk. She was really nice and told me it was no big deal that I was late. She also said bus-stand changes happened all the time in Newport and that other staff members were late due to that as well. What a relief. After that, the whole day turned around for me – the other staff members were super nice and helpful and introduced me to the different parts of the museum. We started off with a hot tea and some cookies and a small tour around the museum. Then I met Richard who was Head of Archaeology and explained all there was to know about the place. This was very interesting because it was he who actually had started the work of digging out Roman stones in Caerleon and who actually opened the museum years ago.

The day ended perfectly, as Richard also had to go back to Cardiff and he gave me a lift. Back home, I went to bed right away – I was soooo tired. And for the next day: I definitely set the alarm 30 minutes earlier and packed an umbrella.

- For tasks **1** finish the information.
- For tasks **2** decide if the statements are true or false and tick the correct box. Then finish these sentences. You can quote from the text.
- For task **3 and 6** tick the correct answer.
- For tasks **4 and 5** choose the correct answer and give evidence from the text.

1 Owain's way to the museum was not as planned – give three examples:

a) ______________________________

b) ______________________________

c) ______________________________

2 The day continued to be bad when he arrived at the museum.
This statement is
a) true ☐
b) false ☐
because the text says

____

3 Owain had problems in Newport because ...
a) he was late for the bus. ☐
b) the bus came too late. ☐
c) the bus stopped at a different bus-stop. ☐
d) Owain was wrong because he went to a kiosk. ☐

4 Meeting Richard was ...
a) positive ☐
b) negative ☐
because the text says

____

5 His journey back to Cardiff was ...
a) difficult ☐
b) easy ☐
c) the same ☐
because the text says

____

6 In the evening, Owain felt ______________________, so he decided to ...
a) eat something at a restaurant. ☐
b) go to bed immediately. ☐
c) make plans for the following week. ☐

Aufgabe 4: Wortschatz – *Thinking about a future job*

A careers adviser's report

AUFGABEN

- Complete the following sentences with expressions from the boxes below.
- Use each expression only once.
- There is one more expression than you need.

doesn't mind	hates	good	prefers
isn't interested	likes	thinks	

1 Matthew McNulty is a very sociable person and ______________________ working in a team.

2 Matthew's knowledge of Spanish is good. He ______________________ speaking Spanish could be useful in a career.

3 Technology is his best subject. He is ______________________ at working with his hands.

4 Matthew ______________________ working outdoors to working indoors.

5 He says that he ______________________ in gardening.

6 He ______________________ getting up early. It is not a problem for him.

Personality traits

Imagine you have to prepare for a careers interview or a job interview.

AUFGABEN

- Make a list of 10 adjectives that describe your personality in a positive way.
- Make sure that the words you use are suitable *(geeignet)* in this context.

honest ______________________ ______________________

______________________ ______________________

______________________ ______________________

______________________ ______________________

______________________ ______________________

____

Aufgabe 5: Schreiben

Here is a letter from Jo, your English penfriend.

AUFGABEN

- Read the letter and write back to Jo.
- Answer all her questions.
- Write at least 100 words.
- Write in full sentences.

Dear ...

I've just finished my three weeks work experience and I really wish I didn't have to go back to school. Working is so much more fun than school!
What about you? Where did you have your work experience and what was it like? How long was it? What jobs did you have to do? What were the other people like?
Do you already know what you want to be? I'm not really sure about it yet. All I know is that I'm not going to do an office job. I'd really hate that.
I had a careers interview the other day and they told me to look at my strengths and weaknesses, so I'm beginning to list all the things I'm good at. It's quite hard. What about you? What are you good at? What's more important in your opinion, having fun in your job or earning good money?

Please write back quickly, I'm really interested in your opinion.

See you,
Jo

Hi Jo,

Auswertung

Bevor du mit der Auswertung beginnst, trage in die Tabelle auf Seite 90 ein, wie viel Zeit du für die einzelnen Aufgaben benötigt hast.

Nun sieh im Lösungsteil nach, wie gut du zurechtgekommen bist. Trage die Punkte unten in die Tabelle ein.

Erster Prüfungsteil: Hörverstehen
- pro richtiger Lösung 1 Punkt

Zweiter Prüfungsteil: Leseverstehen
- Für jedes richtige Ankreuzen gibt es einen Punkt.
- Ebenso gibt es jeweils einen Punkt, wenn du ein richtiges Beispiel aus dem Text zitierst.
- Für eine richtige Begründung nach "because the text says" bekommst du zwei Punkte.
- Sprachliche Fehler führen nicht zum Punktabzug, solange deine Aussage verständlich und inhaltlich richtig ist.

Zweiter Prüfungsteil: Wortschatz
Der Wortschatz wird in sogenannten Bewertungseinheiten (BE) gemessen. Jede **inhaltlich** richtige Antwort gilt als richtig. Es gibt **keinen** Punktabzug bei sprachlichen Fehlern!
- pro richtiger Lösung je 1 BE

also:

Wortschatzaufgabe 1	6 BE
Wortschatzaufgabe 2	10 BE
Wortschatz insgesamt	16 BE

Diese Bewertungseinheiten werden dann in Punkte umgewandelt. Das geht so:

Bewertungseinheiten (BE) = Punkte									
16	15	14 –13	12 –11	10 –9	8 –7	6 –5	4 –3	2 – 1	0
= 9	**= 8**	**= 7**	**= 6**	**= 5**	**= 4**	**= 3**	**= 2**	**= 1**	**= 0**

Für den Wortschatzteil kannst du also insgesamt 10 Punkte bekommen.

Zweiter Prüfungsteil: Schreiben
Die Schreibaufgabe wird unter drei Aspekten bewertet. Diese sind: Inhalt, Ausdrucksvermögen und sprachliche Korrektheit.

Inhalt:
Für jede korrekt beantwortete Frage kannst du bis zu zwei Punkte bekommen. Das geht so:
- Ist die Antwort angemessen, also richtig und vollständig: 2 Punkte
- Ist die Antwort unvollständig, zu knapp oder zu oberflächlich: 1 Punkt
- Fehlt die Antwort oder ist sie falsch: 0 Punkte

Du musstest insgesamt 8 Fragen beantworten:

Frage	deine Punkte
What about you? Where did you have your work experience?	
What was it like?	
How long was it (your work experience)?	
What jobs did you have to do?	
What were the other people like?	
Do you already know what you want to be?	
What about you? What are you good at?	
What's more important in your opinion, having fun in your job or earning good money?	
Gesamtpunktzahl von 16:	

Teile nun deine Gesamtpunktzahl durch 2. Dann kannst du maximal 8 Punkte haben.
2 weitere Punkte kannst du bekommen, wenn du deinen Text ordentlich einleitest und auch beendest. Außerdem kannst du noch 2 Punkte zusätzlich bekommen, wenn du eine oder mehrere Fragen besonders ausführlich beantwortest. **Allerdings kannst du nicht mehr als 10 Punkte insgesamt erhalten!**

Ausdrucksvermögen:
Pro Kriterium sind 2 Punkte möglich (d.h. du kannst zwei, einen oder auch gar keinen Punkt bekommen). Es gelten folgende Kriterien:

1	Hast du einen verständlichen und gut lesbaren Text geschrieben?
2	Hast du in ganzen Sätzen geschrieben?
3	Hast du auch einige Sätze geschrieben, die aus mehreren Teilsätzen bestehen? (Hast du also *linking words* verwendet, wie z. B. *because, that, if*?)
4	Hast du z. B. in einem Brief oder in einer E-Mail an die Anrede, die Begrüßung und die Schlussformel gedacht?
5	Hast du daran gedacht, dass der Empfänger deines Textes kein Deutsch versteht? (Hast du also keine deutschen Wörter verwendet?)

Das ergibt insgesamt 10 Punkte.

Sprachliche Korrektheit:
Auch hier wird weiter unterteilt, nämlich in Rechtschreibung, Grammatik und Wortschatz. Für jeden Teilaspekt gibt es maximal 2 Punkte. Das geht ungefähr so:

Hast du wenige Fehler gemacht, sodass dein Text trotz der Fehler recht gut zu lesen ist?	2 Punkte
Hast du doch einige Fehler gemacht? Versteht man vielleicht nicht alles ganz klar?	1 Punkt
Hast du sehr viele Fehler gemacht, sodass es ziemlich schwierig ist, deinen Text zu verstehen?	0 Punkte

Das ergibt insgesamt höchstens 6 Punkte.

CHECKLISTE Bewertung

Aufgabe	**Punkte**	**deine Punkte**
Hörverstehen	**15**	
Teil 1	(10)	
Teil 2	(5)	
Leseverstehen	**15**	
Wortschatz	**9**	
Schreiben	**26**	
Inhalt	(10)	
Ausdrucksvermögen	(10)	
Sprachliche Korrektheit	(6)	
Gesamtpunktzahl	**65**	

Nun schau dir die Notentabelle an und finde heraus, welche Note du erhalten hättest:

CHECKLISTE Notentabelle

65 – 58	sehr gut
57 – 50	gut
49 – 39	befriedigend
38 – 28	ausreichend
27 – 12	mangelhaft
11 – 0	ungenügend

Deine Note: ______________________________

Hast du dich verbessern können? Überlege, was du gut gemacht hast:

____

____

Überlege, was du noch verbessern kannst:

____

____

Test 5 – One Country, Different Cultures: Vorbereitung

CHECKLISTE Was du brauchst

1. Zeit Ich habe genug Zeit, um den Test zu bearbeiten:		☐
für den ersten Prüfungsteil		☐
Hörverstehen	(20 Minuten)	☐
für den zweiten Prüfungsteil	(65 bis 70 Minuten)	☐
Leseverstehen	(25 Minuten)	☐
Wortschatz	(10 Minuten)	☐
Schreiben	(30 bis 35 Minuten)	☐
für die Kontrolle und Auswertung	(etwa 10 bis 15 Minuten)	☐
2. Arbeitsplatz Ich kann hier in Ruhe arbeiten.		☐
3. Material Ich habe:		☐
eine Uhr (möglichst mit Weckfunktion)		☐
meine Schreibmaterialien (Bleistift, Radiergummi, Füller, Textmarker, Lineal)		☐
für das Hörverstehen: Zugang zum Internet und zur Seite finaleonline.de		☐
Du solltest jetzt wirklich ohne Wörterbuch arbeiten!		☐

Zeitplan und Zeitkontrolle

	geplante Zeit	benötigte Zeit
Hörverstehen		
Lesen		
Wortschatz		
Schreiben		
Gesamtzeit		

Auswertung Test 5

Wenn du den fünften Test bearbeitet hast, vervollständige die Tabelle oben und kreuze dann die passende Aussage an.

Ich lag gut in der Zeit. ☐
Ich habe es gerade so geschafft. ☐
Ich brauchte mehr Zeit. ☐

Diese Aufgabenteile habe ich schnell lösen können: ____________________

Für diese Aufgabenteile habe ich sehr viel Zeit gebraucht: ____________________

Die nächste Frage musst du nicht beantworten, wenn du den Test in 90 Minuten geschafft hast:
Was musst du anders machen, um besser mit der Zeit auszukommen?

____
____
____
____
____

Test 5 – One Country, Different Cultures

Erster Prüfungsteil: Hörverstehen

Aufgabe 1: Hörverstehen Teil 1

Different people

Track 13

During her exchange visit to Germany, Victoria from Fort Wayne, Indiana, talks about the people in her town.

AUFGABEN

- First read the questions.
- Then listen to the interview.
- For questions **1, 2, 3, 7, 8** and **9**, tick the correct box.
- There is only one correct answer per question.
- For questions **4, 5, 6** and **10,** fill in the missing information.

1 Most of the immigrants in Fort Wayne are …

a) African Americans. ☐
b) Asians. ☐
c) Hispanics. ☐

2 How many pupils at Victoria's school come from non-American families?

a) almost half ☐
b) about a third ☐
c) only a few ☐

3 What is special about Victoria's school?

a) It's a church school. ☐
b) It's an Arts college. ☐
c) It's a Sports college. ☐

4 Victoria's family originally came from ______________________.

5 Name two things which the Amish people don't use. They don't use …

______________________ or ______________________.

6 Name three things which Amish people don't buy.

They don't buy ______________________ because they grow it themselves.

They don't buy ______________________ or ______________________

because they make them themselves.

7 What is important to the Amish people?
a) their religion and work ☐
b) education and work ☐
c) education and their religion ☐

8 Why does Victoria know so much about the Amish people?
a) because she goes to school with Amish children ☐
b) because she visited an Amish family once ☐
c) because her family is very friendly with one of the Amish families ☐

9 Victoria thinks that …
a) it would be interesting to live with Amish people. ☐
b) their way of life is boring. ☐
c) she couldn't live like them. ☐

10 She thinks it's ________________________________ that the Amish keep their traditions.

- Now listen to the interview again.

Aufgabe 2: Hörverstehen Teil 2

Hip hop

Track 14

You are going to hear five texts about hip hop.

AUFGABEN

- First read the statements below.
- Then listen to the five texts.
- Decide whether the statements are true or false.
- Tick the right box.

	true	false
Speaker 1 explains what hip hop music is and what it is about.	☐	☐
Speaker 2 talks about the German rapper Bushido.	☐	☐
Speaker 3 "lives" hip hop.	☐	☐
Speaker 4 says that modern hip hop is no good.	☐	☐
Speaker 5 thinks that hip hop is cool.	☐	☐

Zweiter Prüfungsteil: Leseverstehen – Wortschatz – Schreiben

Aufgabe 3: Leseverstehen – *Different cultures*

This text is about Owain's work experience

AUFGABEN

- First read the text.
- Then do tasks **1–7**.

Easter break on the other side of the world

Now that I am back in my hometown, Dortmund, I still cannot believe what I experienced over the past two weeks. And I almost missed the whole thing … When my parents told me about their trip to New Zealand for the Easter break this year, I wasn't so sure if I really wanted to tag along. First of all, I didn't know anything about New Zealand and its capital Wellington and secondly, being in an airplane for more than 24 hours wasn't really exciting news. But my mother convinced me to join them with several arguments: It could be our last big holiday as a family, I could work on my English skills as the English ZP will be held shortly after we come back to Germany and, very important to her, the weather during the "autumn season" (around April) had to be fantastic and we simply would have to see that. So, I went, and to start off, I was actually surprised that New Zealand was not one, but actually two main islands with Wellington on the southern tip of the North Island. When we finally arrived and got into town I was so tired I couldn't really experience anything but the weather – I thought it would be very hot, as we had flown south from Germany, but it was only around 17 degrees. Then my dad reminded me that we didn't simply go south, but that we crossed the Equator and therefore were in the Southern Hemisphere, meaning we arrived when the "warm days" were already gone. It took me around two days to get used to the time difference, but then I dived fully in to see as much as possible. We started by simply walking around the historical city centre and the harbour area, which is located near Mount Victoria. My parents went to see the sunset which wasn't that interesting to me – I, however, enjoyed seeing the coastline of the town with its ships, the people on the beaches or even on kayaks and small boats. But to see Cook Strait between the North and South Island was very impressive. I was lucky

with the weather, because I could actually see parts of the South Island. The town itself was a mixture of historical and new, innovative buildings which makes it so interesting. People from here also call the city "capital of cool" because old and new culture meet and you can basically do everything. My parents wanted to visit the historic cable car and the botanical gardens, so we separated for that day and I got a bus to nearby Miramar Peninsula to see the Weta Studios. Many great films like *Avatar*, *King Kong* or *Narnia* were created here and you can do fantastic workshops and see original things from the movies.
The next day we visited the "Te Papa" museum, which informs you about the Maori people, the country and its history. Never in my life have I been in a museum like this: it is so interesting and doesn't even cost anything. In the evening we went to see a rugby game which was great and had a traditional Maori meal.
The remaining 6 days of our trip we rented a car and went hiking in the most beautiful and cool places – the rocks have strange colours due to volcanic eruptions 200 million years ago, the whole landscape is filled with autumn and if you are lucky you might spot scenery where the *Lord of the Rings* movies were made.
In the end, I barely noticed our flight back because I was so tired. But if my parents ever ask me to do a trip to New Zealand again, I will not think twice.

- For tasks **2, 4 and 7** decide if the statements are true or false and tick the correct box.
- Then finish these sentences. You can quote from the text.
- For tasks **1 and 5** tick one correct box.
- For task **3 and 6** fill in the information.

1 When his parents told Thomas about the New Zealand trip, he wasn't sure about joining because ...

a) Wellington didn't sound exciting. ☐
b) the flight takes so long. ☐
c) he wanted to learn for his English ZP instead. ☐

2 His mother wanted him to be part of the trip.

a) true ☐
b) false ☐

Evidence from the text:

____

3 Name two reasons why it could be good for Thomas to join the trip:

1) ____

2) ____

4 Because they flew south, the weather was sunny and very warm.

a) true ☐
b) false ☐

Evidence from the text:

____

5 On Mount Victoria, Thomas enjoyed ...
a) the sunset. ☐
b) the weather. ☐
c) Cook Strait. ☐

6 How does Thomas feel about the Weta studios?

____

7 The "Te Papa" museum doesn't cost anything, but is not very interesting.
a) true ☐
b) false ☐
Evidence from the text:

____

Aufgabe 4: Wortschatz

Which word is right?

AUFGABEN

- Choose the right word.
- Put a circle around it.

TIPP

Du musst die richtige Lösung einkreisen!

1 Great Britain is a **mono-cultural** | **multicultural** society.

2 Many people have come to Britain because they want to have a better **life** | **live**.

3 Most **immigrants** | **foreigners** learn English very quickly.

4 People who flee from their home country in time of war are called **flightiers** | **refugees**.

5 It is important to **expect** | **respect** other cultures.

6 Great Britain is a country of many ethnic **minorities** | **majorities**.

Between two cultures

AUFGABEN

- Complete the following text with suitable words.

1 Kanika grew up with two cultures. She was ____________________ in Great Britain but her parents ____________________ from India.

2 In their culture, women stayed at ____________________ and looked after the children.

3 Her dad was very ____________________. He didn't allow Kanika to go out, to have a boyfriend or to have a job.

4 When Kanika was a young girl, she didn't ____________________ her culture very much.

5 Now she feels differently about it. She is ____________________ to live between two cultures.

Aufgabe 5: Schreiben – *A school project*

Your school received an e-mail from Noah, a High School student from Auckland in New Zealand. He needs some help with a school project. Your teacher has given you the e-mail and asked you to help him with the project.

AUFGABEN

- Read the e-mail and write back to Noah.
- Answer all his questions.
- Think of a good start and a good ending to your e-mail.
- Write at least 100 words.
- Write in full sentences.

Hi,
My name is Noah. I am in year 10 at Mount Albert Grammar School in Auckland, New Zealand.
We are doing a project on first and second languages in schools all over the world. I hope you can help me and give me some information about your school.
How many students speak a different language with their families at home? Where do the families come from and what language do they speak at home? Do you think it's harder or easier when you grow up with two languages? (Why do you think that?)
Do many of your friends have an immigration background and has it influenced your German by hanging out with them? Have you picked up some non-German words or expressions from your friends and what have you learned about their culture?
Have your got further information on how your school deals with language barriers and how they help non-German speakers?
Please answer as soon as possible. Thank you very much for your help!

Take care

Noah

Hi Noah, ____________________

____

____

____

____

Auswertung

Bevor du mit der Auswertung beginnst, trage in die Tabelle auf Seite 102 ein, wie viel Zeit du für die einzelnen Aufgaben benötigt hast.

Nun sieh im Lösungsteil nach, wie gut du zurechtgekommen bist. Trage die Punkte unten in die Tabelle ein.

Erster Prüfungsteil: Hörverstehen
- pro richtiger Lösung 1 Punkt

Zweiter Prüfungsteil: Leseverstehen
- Für jedes richtige Ankreuzen gibt es einen Punkt.
- Ebenso gibt es jeweils einen Punkt, wenn du ein richtiges Beispiel aus dem Text zitierst.
- Für eine richtige Begründung nach "because the text says" und für ausführliche Antworten bekommst du zwei Punkte.
- Sprachliche Fehler führen nicht zum Punktabzug, solange deine Aussage verständlich und inhaltlich richtig ist.

Zweiter Prüfungsteil: Wortschatz
Der Wortschatz wird in sogenannten Bewertungseinheiten (BE) gemessen. Jede **inhaltlich** richtige Antwort gilt als richtig. Es gibt **keinen** Punktabzug bei sprachlichen Fehlern!
- in der ersten Wortschatzaufgabe pro richtiger Lösung 1 BE
- in der zweiten Wortschatzaufgabe pro richtiger Lösung 2 BE

also:

Wortschatzaufgabe 1	6 BE
Wortschatzaufgabe 2	10 BE
Wortschatz insgesamt	16 BE

Diese Bewertungseinheiten werden dann in Punkte umgewandelt. Das geht so:

Bewertungseinheiten (BE) = Punkte									
16–15	14–13	12–11	10–9	8–7	6–5	4–3	3–2	1	0
= 9	**= 8**	**= 7**	**= 6**	**= 5**	**= 4**	**= 3**	**= 2**	**= 1**	**= 0**

Für den Wortschatzteil kannst du also insgesamt 9 Punkte bekommen.

Zweiter Prüfungsteil: Schreiben
Die Schreibaufgabe wird unter drei Aspekten bewertet. Diese sind: Inhalt, Ausdrucksvermögen und sprachliche Korrektheit.

Inhalt:
Für jede korrekt beantwortete Frage kannst du bis zu zwei Punkte bekommen. Das geht so:
- Ist die Antwort angemessen, also richtig und vollständig: 2 Punkte
- Ist die Antwort unvollständig, zu knapp oder zu oberflächlich: 1 Punkt
- Fehlt die Antwort oder ist sie falsch: 0 Punkte

Du musstest insgesamt 6 Fragen beantworten, die zum Teil aus zwei Fragen bestanden:

Frage	deine Punkte
How many pupils speak a different language with their families at home?	
Where do the families come from and what language do they speak at home?	
Do you think it is harder or easier when you grow up with two languages? (Why do you think that?)	
Do many of your friends have an immigration background and has it influenced your German by hanging out with them?	
Have you picked up some non-German words or expressions from your friends and what have you learned about their culture?	
Have your got any further information on how your school deals with language barriers and how they help non-German speakers?	
Gesamtpunktzahl von 12:	

Nun zähle die Punkte zusammen, die du für die besten 4 Antworten bekommen hast. Dann kannst du maximal 8 Punkte haben.

2 weitere Punkte kannst du bekommen, wenn du deinen Text ordentlich einleitest und auch beendest.

Außerdem kannst du noch 2 Punkte zusätzlich bekommen, wenn du eine oder mehrere Fragen besonders ausführlich beantwortest. **Allerdings kannst du nicht mehr als 10 Punkte insgesamt erhalten!**

Ausdrucksvermögen:
Pro Kriterium sind 2 Punkte möglich (d. h. du kannst zwei, einen oder auch gar keinen Punkt bekommen). Es gelten folgende Kriterien:

1	Hast du einen verständlichen und gut lesbaren Text geschrieben?
2	Hast du in ganzen Sätzen geschrieben?
3	Hast du auch einige Sätze geschrieben, die aus mehreren Teilsätzen bestehen? (Hast du also *linking words* verwendet, wie z. B. *because, that, if*?)
4	Hast du z. B. in einem Brief oder in einer E-Mail an die Anrede, die Begrüßung und die Schlussformel gedacht?
5	Hast du daran gedacht, dass der Empfänger deines Textes kein Deutsch versteht? (Hast du also keine deutschen Wörter verwendet?)

Das ergibt insgesamt 10 Punkte.

Sprachliche Korrektheit:
Auch hier wird weiter unterteilt, nämlich in Rechtschreibung, Grammatik und Wortschatz. Für jeden Teilaspekt gibt es maximal 2 Punkte. Das geht ungefähr so:

Hast du wenige Fehler gemacht, sodass dein Text trotz der Fehler recht gut zu lesen ist?	2 Punkte
Hast du doch einige Fehler gemacht? Versteht man vielleicht nicht alles ganz klar?	1 Punkt
Hast du sehr viele Fehler gemacht, sodass es ziemlich schwierig ist, deinen Text zu verstehen?	0 Punkte

Das ergibt insgesamt höchstens 6 Punkte.

CHECKLISTE Bewertung

Aufgabe	**Punkte**	**deine Punkte**
Hörverstehen	**15**	
Teil 1	(10)	
Teil 2	(5)	
Leseverstehen	**15**	
Wortschatz	**9**	
Schreiben	**26**	
Inhalt	(10)	
Ausdrucksvermögen	(10)	
Sprachliche Korrektheit	(6)	
Gesamtpunktzahl	**65**	

Nun schau dir die Notentabelle an und finde heraus, welche Note du erhalten hättest:

CHECKLISTE Notentabelle

65 – 56	sehr gut
55 – 44	gut
43 – 34	befriedigend
33 – 28	ausreichend
27 – 13	mangelhaft
12 – 0	ungenügend

Deine Note: ______________________________

Hast du dich verbessern können? Überlege, was du gut gemacht hast:

Überlege, was du noch verbessern kannst:

Zentrale Prüfungen 2021 – Englisch, Hauptschulabschlus

Quelle der Aufgabenstellung

Qualitäts- und UnterstützungsAgentur – Landesinstitut für Schule
Die Abbildungen weichen aus lizenzrechtlichen Gründen von der Darstellung in der Originalprüfung ab.

INFO

Die Bearbeitungszeit beträgt **20 Minuten** für den ersten Prüfungsteil und 70 Minuten für den zweiten Prüfungsteil. Insgesamt **10 Minuten Bonuszeit** können individuell im ersten und/oder zweiten Prüfungsteil in Anspruch genommen werden.

2021 wurden zwei Wortschatz- und Schreibaufgaben zur Auswahl angeboten. Die Schulen hatten die Möglichkeit, eine der beiden Aufgabenpakete auszuwählen. Die Aufgaben zu Hör- und Leseverständnis waren in beiden Aufgabenstellungen identisch.

Erster Prüfungsteil: Hörverstehen

Hörverstehen Teil 1

Top travel tips for Ireland

Track 15

You like to travel and get information about different countries of the world.
That's why you love the travel podcast "Nancy travels the world".
In this episode Nancy is giving tips for visiting Ireland.

AUFGABEN

- First read the tasks.
- Then listen to the podcast.
- While you are listening, tick the correct box.
- At the end you will hear the podcast again.
- Now read the tasks. You have **one minute** to do this.

- Now listen to the podcast and do the tasks.

TIP 1

1 Ireland is a popular tourist area because the Irish ...
a) use a world language. ☐
b) speak different languages. ☐
c) are used to foreign languages. ☐

TIP 2

2 Nancy tells travellers to ...
a) discover the lovely Irish beaches. ☐
b) visit Ireland's many different places. ☐
c) concentrate on Dublin's famous sights. ☐

TIP 3

3 Living costs in Ireland are ...
a) rather high. ☐
b) relatively low. ☐
c) different from place to place. ☐

TIP 4

4 According to Nancy travelling in Ireland by car is ...
a) difficult. ☐
b) popular. ☐
c) comfortable. ☐

TIP 5

5 Some people believe that kissing the Blarney Stone brings ...
a) good luck. ☐
b) useful skills. ☐
c) great luxury. ☐

TIP 6

6 Having afternoon tea is the perfect chance to ...
a) enjoy delicious cakes. ☐
b) spend time with others. ☐
c) get to know Irish sayings. ☐

In 30 seconds you will hear the podcast again so you can check your answers.

Hörverstehen Teil 2

Welcome to the world of work

Track 16

In your English class you have to prepare a presentation on "Living and working in Ireland". That's why you're listening to a podcast. Interviewer Sadie O'Brien from Dublin is talking to her guest Amanda Swinton.

AUFGABEN

- First read the tasks.
- Then listen to the podcast.
- While you are listening, tick the correct box.
- At the end you will hear the podcast again.
- Now read the tasks. You have **one minute** to do this.

- Now listen to the podcast and do the tasks.

1 With her podcast Sadie wants to ...
a) give tips for job interviews. ☐
b) inform listeners about possible jobs. ☐
c) answer questions from jobless people. ☐

2 Amanda coaches young people ...
a) in class. ☐
b) in a company. ☐
c) in an Internet forum. ☐

3 The Dublin company MovieExtras hires people as ...
a) costume designers. ☐
b) actors with small roles. ☐
c) decorators for film sets. ☐

4 Job candidates for MovieExtras must ...
a) be very tall. ☐
b) pass a job interview. ☐
c) hand in personal data. ☐

5 Burnley's chocolate factory is searching for people to ...
a) taste chocolates. ☐
b) produce chocolate bars. ☐
c) inform visitors about the chocolate production. ☐

6 Burnley's offers students the chance to ...
a) work in a motivated team. ☐
b) earn a fair amount of money. ☐
c) have a regular work schedule. ☐

In 30 seconds you will hear the podcast again so you can check your answers.

Zweiter Prüfungsteil: Leseverstehen – Wortschatz – Schreiben

Leseverstehen

Killary adventure

Your English class is planning a one-week trip to Galway in Western Ireland. Your teacher has asked everybody to make suggestions about activities the class could do there. You think the following website is interesting.

Quelle: stock.adobe.com/David Pereiras

AUFGABEN

http://killaryadventure.com

MOOR CHALLENGE	Bushcraft & survival training	River walking	...

Moor challenge

This is an obstacle course[1] like no other. It takes you through the deep Connemara moor, into the Atlantic Ocean and will give you the chance to do things that you could never imagine. It is very important that you help your friends during the course. Laughing with each other is also allowed! In this course you have to face the natural challenges of the wild Connemara landscape and tricky obstacles. You will be running, climbing and swinging your way through the course with friends or family.

What to bring:

At Killary Adventure Centre we will give you a wetsuit[2] for the colder months. You must bring something to wear under the wetsuit and old trainers. In the summer months, when wetsuits are not necessary, bring old clothing. Please keep in mind that anything you wear will get dirty and possibly ripped or damaged.

1 obstacle course – a line of objects which runners have to jump over or climb through

2 wetsuit – a piece of clothing that surfers and divers wear to keep warm

- Tick the correct box **and** give one piece of evidence from the text.

1 The Moor challenge is about leaving the other players behind.
This statement is ...
a) true ☐
b) false ☐
One piece of evidence from the text:

____

____

2 In this outdoor challenge you need to show different sports skills.
This statement is ...
a) true ☐
b) false ☐
One piece of evidence from the text:

____

____

3 When doing the challenge on warmer days, you should wear ...
a) used clothes. ☐
b) sports clothes. ☐
c) bathing clothes. ☐
One piece of evidence from the text:

____

____

http://killaryadventure.com

Moor challenge	BUSHCRAFT & SURVIVAL TRAINING	River walking	...

Bushcraft & survival training

Bushcraft is a different word for wilderness survival skills – a real fun and educational activity! This course is suitable for all those aged 13 and older. It's popular with schools, youth groups and summer camps. We will show you what you can find in nature to make outdoor living easier. Our activities are about meeting challenges, working as a team, becoming more self-confident and doing lots of things you can't do at school.

What it includes:

You think you know how to build a nice shelter[3]? Our team can show you tips and tricks for building shelters that will keep you dry and warm. We will show you how to make a fire, using only the materials you find in the woods. You will also learn about the area's plants and animals. We will teach you what plants you can eat and – even more important – those you cannot eat! And we will tell you about plants that are used as medicine.

3 **shelter** – a place with a roof that protects you from the weather

AUFGABEN

- Tick the correct box **and** give one piece of evidence from the text.

4 The Bushcraft course is especially loved by young people.
This statement is ...
a) true ☐
b) false ☐
One piece of evidence from the text:

____

____

5 The Bushcraft course also develops personal and social skills.
This statement is ...
a) true ☐
b) false ☐
One piece of evidence from the text:

____

____

6 After the Bushcraft course you will be able to ...
a) cook food on an open fire. ☐
b) start a fire without a lighter. ☐
c) create a fireplace with a roof. ☐
One piece of evidence from the text:

____

____

http://killaryadventure.com

Moor challenge	Bushcraft & survival training	RIVER WALKING	...

River walking

This adventure activity is full of natural challenges! Make your way through a dramatic gorge[4] that is cut into the mountainside. You will walk along the river, through natural pools of water and rushing waterfalls. One of our experienced team leaders will guide you and there are ropes that help you along the way. And best of all – you get to jump into the Atlantic Ocean at the end of the trail! At Killary Adventure Centre we will give you a wetsuit and a helmet, but you must bring swimwear and old trainers to wear in the water.

Special offer:

If you want to, you can make this a full day's programme. You can combine River walking with kayaking and get a free barbecue on the beach afterwards. For more information please check out the following link: http://killaryadventure.com/en/adventure-activities-rates

4 **gorge** – a deep narrow valley

AUFGABEN

- Tick the correct box **and** give one piece of evidence from the text.

7 The highlight of River walking is when you ...

a) swim in a lake. ☐
b) dive into the sea. ☐
c) climb down a cliff. ☐

One piece of evidence from the text:

____

____

8 If you do more than one activity, you pay less.

This statement is ...

a) true ☐
b) false ☐

One piece of evidence from the text:

____

____

Wortschatz Auswahl 1

Being careful on the Internet

Teil 1

The Internet is a very useful thing, but if you're not careful, it can be dangerous as well. The following text is about things you should or shouldn't do online.

AUFGABEN

- Complete the following text (sentences 1–6) with words from the box.
- Use each word only **once.**
- There is **one more word than** you need.

personal • device • surf • profile • digital • accept • stranger

1 The use of ____________________ media plays a big role in the lives of children and teenagers today.

2 But there are a lot of dangers young people can experience when they ____________________ on the Internet.

3 If you get a message from a ____________________, you should ignore it.

4 If you have a social media account, only ____________________ a friend request from people you know.

5 You shouldn't share ____________________ information about yourself, your family or your friends.

6 Keep your ____________________ on social media private, which means that only your friends can see your posts and photos.

Teil 2

The following text gives you tips on how to act in dangerous situations on the Internet.

AUFGABEN

- Complete the following sentences (1–6) with **suitable** words.
- Give only **one** solution.

1 Tell your ____________________ if something strange happens to you on the Internet, or anyone online has made you feel uncomfortable.

2 It's sad, but some people use the Internet to ____________________ others. When this happens to you, the best thing is to block these people from your accounts.

3 Sometimes online comments can be ____________________ . In this case, many social media networks offer a "report" button that you can click.

4 Create a ____________________ password. It should not be your birthday, favourite song or your pet's name.

5 Don't ____________________ your login details to anyone, not even your best friend.

6 If you think a situation online is getting out of control, you and your parents should ask for ____________________ at school or even at a police station.

Schreiben Auswahl 1

Mobile phones in school

You are in Ireland as an exchange student. The Irish school is thinking about allowing mobile phones at school. A teacher asks you to write about your opinion.

AUFGABEN

- Write your comment.
- Write about all the aspects given below.
- Write about 120 words.

No school without mobile phones!

Do you agree?

In your comment, give your opinion on the use of mobile phones in school. Write about the following aspects:

1 **Describe** rules for mobile phone use in a German school:
- during lessons and breaks,
- on school trips and day trips.

It can be your school or any other school.

(4 Punkte)

2 **Explain** why you think mobile phones should or shouldn't be allowed in school. Include ideas on the following aspects:
- learning
- communication
- difficult situations

(6 Punkte)

Wortschatz Auswahl 2

Helping to save the Earth

Teil 1

Global warming and pollution do damage to our blue planet. The following text gives you ideas on how everybody can help save the environment.

AUFGABEN

- Complete the following text (sentences 1–6) with words from the box.
- Use each word only **once.**
- There is **one more word** than you need.

vegetarian • water • effects • protect • second-hand • steps • produce

1 There are many little ______________________ that people can take to help save the environment. If thousands of people do something, they can make a real difference.

2 Care about Mother Nature and ______________________ less waste like plastic, paper and metal. Buy products that you can recycle or recharge.

3 Don't waste ______________________. For example, take shorter showers and wash only full loads of laundry and dishes.

4 Give away old clothes, toys or electrical items. If you don't want or need them anymore, perhaps someone else will be happy to use your ______________________ things.

5 Make your home and garden a paradise for wildlife and help to ______________________ animals. It's even fun to plant flowers and trees that attract birds and insects.

6 Eat less meat or think about a ______________________ lifestyle. The animals that go into your hamburger need a lot more space and energy than a dish without meat.

Teil 2

The following text is about how you can save resources at school.

AUFGABEN

- Complete the following sentences (1–6) with **suitable** words.
- Give only **one** solution.

1 Before your school day starts, try not to get there by car. Instead enjoy some ______________ air and ride a bike or walk.

2 Try to work without paper wherever possible. ______________ your documents and other homework online via e-mail or app.

3 Save energy and money at school. Turn the ______________ off when nobody is using the classroom or workspace.

4 Remind people of things they can do to save energy. For example, you can ______________ signs in your school like "Please turn off when not in use".

5 Try to avoid plastic waste. When bringing your lunch, please use a ______________ that can be washed and used again.

6 Get involved and start a green club! Find other ______________ students, who want to make a difference, and make your school more eco-friendly.

Schreiben Auswahl 2

It is our world!

Together with your partner school in Kington, GB, your school is doing a one-day project on the topic "Going green: Help the environment". You tell your exchange partner Clive about your ideas for an event in an e-mail.

AUFGABEN

- Write an e-mail to Clive.
- Write about all the aspects given below.
- Write about 120 words.

From:	
To:	Clive.Collins@easymail.uk
Subject:	My ideas for a special event

Inform Clive about your ideas for an event. Write about the following aspects:

1 **Describe** what kind of event you plan and give it a special title.

(2 Punkte)

2 **Describe**
- where the event will take place,
- when it will take place,
- who will take part,
- what you will need for it.

(4 Punkte)

3 **Explain** what your event is good for (give two different reasons).

(4 Punkte)

Quelle: Picture-Alliance GmbH/Marius Becker/dpa

Quelle: stock.adobe.com/Robert Daly/KOTO

Quellenverzeichnis

Textquellen

63/64 "ProActive Adventure": www.proactive-adventure.com

Hörquellen

12 "Station announcement": http://www.english-the-international-language.com/listening/train.html

Bildquellen

21 iStockphoto.com/Moser, Uwe
83 stock.adobe.com/Joshua
47 iStockphoto.com/coward_lion
106 iStockphoto.com/BR4DY
118 stock.adobe.com/David Pereiras
127 li: Picture-Alliance GmbH/Marius Becker/dpa; re: stock.adobe.com/Robert Daly/KOTO

Illustration: Bettina Kumpe, Braunschweig

westermann

FiNALE Prüfungstraining

Nordrhein-Westfalen

Hauptschulabschluss 2023

Englisch

Lösungen

Lösungsheft zu 978-3-7426-2301-0

TRANSKRIPTE

A Einführung

A 2.4 Die drei Hörverstehensarten

Selektives Verstehen

Seite 12
Track 1: A weather forecast
This is KKC news with tonight's weather forecast:

UK: Largely cloudy across England tonight with periods of rain. Mainly dry across Wales with patchy cloud. Generally cloudy across Scotland with isolated showers. Winds will be light from the south to southwest.

IRELAND: Mostly cloudy across western Ireland tonight with scattered showers. Evening showers in the east, then broken cloud. Winds will be moderate from the west to southwest.

Track 2: Travelling by train
The train at platform 2 is the 17:52 Margate service, calling at Rainham, Sittingbourne, Faversham, Whitstable, Herne Bay and Margate.
Passengers for stations to Sheerness should take this train and change at Sittingbourne. Passengers for stations to Canterbury and Dover should change at Faversham.
Would passengers please note that due to engineering works the line is closed between Margate and Ramsgate and a replacement bus service is in operation.
Passengers for Broadstairs, Dumpton Park and Ramsgate should take this train to Margate and use the bus service available from the station entrance.

Globales Verstehen

Seite 14
Track 3: News
Good evening. This is West of England Radio with the news.
1.
Four men have been taken to hospital after an explosion at a steel works in South Wales. The explosion was due to gas escaping from a cracked pipe. Police are investigating the incident.
2.
Scientists in Bristol say, on average, seven hours sleep is enough. A city-wide survey has shown that teenagers need up to nine hours, and people over 60 generally need less than the average. Seven hours sleep keeps most adults more healthy and alert than longer periods.
3.
Clifton Park is to be closed next week in preparation for the West of England horse trials. Tickets for the show-jumping event, which begins on July 15th, will be on sale from next Sunday. Further information can be obtained from local newspaper websites.
4.
Shops are running out of apple juice as a result of a holiday promotion offer. The top prize in the 'Adams Apple Juice' competition, a holiday in Jamaica, has caused people to buy hundreds of cartons. One carton carries the winning number.
5.
Crowds gathered at Avonmouth harbour today for the start of the 'Round Britain Race'. More than 70 boats from 10 countries are competing in the annual event, which attracts sailors from across the globe.
6.
And now for the weather forecast. Tomorrow morning will bring light rain spreading eastwards, with sunny intervals. The wind will freshen in the afternoon. Temperatures will range from 25 degrees inland to around 20 degrees on the coast.
Good night, and thank you for listening.

Detailliertes Verstehen

Seite 16
Track 4: Climate Change
In 2022 the government of New Zealand decided to greatly reduce greenhouse gas emissions. Climate change is not only a danger to New Zealand, but it is a worrying thing for the whole world. So nobody was surprised when scientists said that climate change has a big effect on us and that it is the biggest danger we will face in the future. The daily news is filled with floods, storms and fires. Those disasters are closely linked to climate change. They will become more frequent, and they will change the earth forever. The melting of the North and South Polar ice caps is also part of this change and we can already notice this, with the weather becoming more extreme and many places getting hotter or colder.
We need to get started and be active about it, if we don't want climate change to destroy the earth. We cannot allow so many cars, airplanes and ships, for example, because their emissions cause greenhouse gases, which change the climate. Even small changes in our daily life can help, though – like turning off the light or recycling paper.

LÖSUNGEN

A 2.4 Die drei Hörverstehensarten

Selektives Verstehen

Seite 12
A weather forecast
b) There will be some rain and later broken clouds in the east of Ireland.

Travelling by train
a) 2
c) There is no train from Margate to Ramsgate. You will have to take the bus.

Globales Verstehen

Seite 14
News
a) 3
b) 6
c) 1
d) 5
e) 4
f) 2

Seite 15
1. a) teenagers need up to nine hours
2. b) rainy and sunny

Detailliertes Verstehen

Seite 16
Something to know
1. a)
2. the biggest danger/ a big danger (we face)
3. b)
4. c)
5. warmer or colder
6. destroy
7. b)
8. a) true: simple things like turning off lights and recycling paper all help

A 3 Leseverstehen

A 3.1 Frage dein Vorwissen ab

Seite 18
1. Bauern und ihr Arbeitsfeld, Bauernhof (Züchter, Anbau von Lebensmitteln)
2. auf dem Feld arbeiten, Tiere versorgen, melken, schwere Geräte wie Traktoren bedienen, Pflanzen anbauen, Ernte einholen
3. farmer, food, crops, different types of animals, dirt, hard work, nature, pesticide, harvest

A 3.2 Aufgabenstellung beachten

Seite 20
What is a farmer? (1)
Why become a farmer? –
What is the job of a farmer? (2)
Types of farmers (3)
Qualifications of a farmer (4)
The future of farming –

Seite 21
Waitangi – a bittersweet National Day
1. true
2. false
3. false
4. true
5. true

A 4 Wortschatz

A 4.1 Wortfelder erarbeiten

Seite 24
problems

PROBLEMS

people
- parents
- brother
- classmates
- friends
- other kids
- sister
- teacher

activities (what they do)
- argue
- annoy
- bully
- coming home late
- don't/doesn't let me go out ...
- don't/doesn't listen
- don't/doesn't talk
- fight
- push
- tell me off

what about?
- bad marks in school
- going out in the evening
- helping around the house
- homework
- pocket money

feelings
- sad
- angry
- depressed
- helpless
- lonely
- miserable
- unhappy
- upset

solutions
- talk to ... about your problem
- listen to ...
- make a compromise
- talk ... what you think

Seite 25
movies

MOVIES

types of movie
- science fiction
- comedy
- action film
- fantasy
- horror film
- historical film
- adventure film
- romantic comedy
- thriller
- political thriller
- cartoon
- romantic film
- children's film
- crime story

film media
- cinema
- television
- DVD
- video
- computer
- streaming

opinions
- interesting
- exciting
- boring
- funny
- moving
- sad
- entertaining
- romantic

activities
- watch a film
- act in a film
- play the lead role
- direct a film
- compose the film music
- design the costumes
- do the make-up
- do the lighting

people
- viewer
- actor/actress
- director
- composer
- costume designer
- make-up artist
- lighting specialist
- camera man

A 4.2 *Gap filling*

Seite 26
Adjectives and Adverbs

2. sporty
3. fast, high
4. fastest
5. well
6. beautiful
7. good
8. slowly
9. badly
10. better

Seite 27
Prepositions

2. near/not far from
3. from
4. by
5. at
6. after, to
7. in

Holiday

2. hotel
3. great
4. was
5. his
6. car

Seite 28
Problems

2. problems
3. started
4. well
5. only
6. at
7. unhappy
9. off
10. lazy/stupid; day/afternoon/evening/week
11. learn/revise/do something; on
12. miserable/unhappy/sad/angry/upset

A 4.3 *Matching*

Seite 29
Places in town

2. leisure centre/gym
3. theatre
4. tourist information office/visitors centre
5. (football) stadium
6. beach
7. restaurant/café
8. cinema

A 4.4 *Making a list*

Seite 30
Holiday accommodation
Lösungsvorschlag:
hotel
B & B
holiday cottage/holiday home
holiday flat/holiday apartment
campsite/tent
caravan
with friends
with relatives

Holiday activities
Lösungsvorschlag:
play football, visit a castle, take photos, laze about, relax, meet new friends, watch films, go walking/hiking, go sightseeing, go to a museum, go shopping

A 4.5 *Finding opposites*

Seite 31
The world of work

1. get up late
2. badly-paid
3. short hours
4. inflexible/fixed
5. boring
6. disadvantage
7. unskilled
8. part-time
9. inexperienced

A 5 Schreiben

A 5.3 Versuch's doch mal!

Seite 35
Letter of application

Tannenweg 23
42477 Wuppertal
Germany

Mr Gower
Fitzalan High School
Victoria Road
Newcastle
NC2 7FM
UK

17th March, 2023

Dear Mr Gower,

I saw your information about work experience in and around Newcastle on the school notice board. I am interested in a work experience placement in Newcastle. I am 16 years old. I would like to work in a garage because I am interested in cars. I have some experience because I worked in a garage here in Wuppertal in the summer.
I liked the work and I learned a lot. I know a lot about cars and I can work hard. My English is quite good. I would like to come for two weeks.

I look forward to hearing from you.

Yours sincerely,
Mike Feldmann

TRANSKRIPTE

B Tests

Angeleiteter Test 1 – The World of Sport

Seite 45
Track 5: Do you do sports?
Speaker 1:
I used to do a lot of sport when I was little but as I grew up I wasn't as interested in sports any more. I also don't have much time because of school and I have a job as well.

Speaker 2:
I'm not really sporty but I go to the gym once or twice every week to keep fit and to tone my body.

Speaker 3:
I couldn't imagine my life without sport. I go to training practice four times a week and I often have matches and competitions at weekends. Last year I was district champion at high jump and I came third in the 100 metres.

Speaker 4:
I love watching sports on TV, especially football. Whether it's Formula 1, athletics, swimming or cycling, I watch almost any sports event. Last year I got my own TV because my mum was fed up with me watching sports programmes all the time.

Speaker 5:
To be honest, I hate all that hype about sports. Sometimes you can't even watch decent television because all they show is this championship or that world cup. Football is the worst! I just can't see any fun in it. To me, it's a waste of time.

Seite 46
Track 6: An unusual sport
Reporter: Hello, this is Sarah Richardson from Radio Kent. Today I'm in Ashford and I'm talking to 15-year-old David Goodwin. David is this month's sports personality and we are here to meet him. Hello, David.
David: Hi.
Reporter: How does it feel to be sports personality of the month?
David: Pretty cool, really.
Reporter: Now, can you tell us which sport you do?
David: Actually, I do a lot of sports. I'm in the school's rugby and athletics teams and I also like swimming but my favourite sport is handball.
Reporter: That's a rather unusual sport.
David: It is here in Britain but it's quite big all over Europe and also in some Asian and African countries.
Reporter: How did you get started?
David: Well, it was my dad, really. He has always been enthusiastic about it and he even founded the local handball club. When I was about 10 years old, he just took me along.
Reporter: So, do you play in a league?
David: We do but it isn't very big because there aren't many teams. Another problem is that the clubs are pretty far apart. There are three London teams, one in Oxford, one in Cambridge and one in Southampton.
Reporter: That's a long way to travel.
David: Yeah, but we don't travel all the way just for one match because it's too far and too expensive. So we have three or four tournaments throughout the year where all the teams play one another.
Reporter: How often do you practise?
David: Once a week for two hours.
Reporter: That's not very much.
David: No, it isn't but that's OK. The level of handball here in Britain is not as good as in other European countries.
Reporter: Why is that?
David: I don't know. I guess there aren't enough people playing it and generally, people don't know about it at all. So it can't really develop as a sport. When I'm older, I want to go abroad and play for a foreign club, maybe in Norway or Denmark or in Germany.
Reporter: That's not going to be easy, is it?
David: No, it won't be and I don't think that I will end up in a top team but I don't mind playing for a second division team. The level of competition is so much higher there than it is over here.
Reporter: Well, that certainly sounds very interesting. Do you have any other hobbies?
David: I like music and I play in a band.
Reporter: You are a busy man. What instrument do you play?
David: I play the guitar.
Reporter: When did you start playing the guitar?
David: I think, I was about eight or nine years old. I wasn't really that keen to start with because you have to work hard if you want to be good. Anyway, I'm glad that I kept going because it's a lot of fun.
Reporter: Well, David, thanks for the interview and good luck for the future!

LÖSUNGEN

Seite 45
Aufgabe 1: Do you do sports?
Lösungsvorschlag:
1. school, job, lost interest
2. athletic
3. practice four times / matches / competitions
4. His mum was fed up with [him] (watching sports all the time).
5. you can't watch decent TV / it is no fun / it is a waste of time

Seite 46
Aufgabe 2: An unusual sport
1. 15
2. b) the month
3. father/dad
4. three
5. c) not as good as in other countries
6. b) play for a foreign club

Seite 47
Aufgabe 3: Leseverstehen
Lösungsvorschläge:
1. true – that a great atmosphere is created there.
2) b) because they connect the word to images of red flags and scarves held up high to the song.
3) false – football teams from Blackpool, Sheffield or Birmingham have stands with the same name.
4) It is behind one of the goals, the staunchest fans are there, it has loudest fans chants and the greatest atmosphere.
5) a) the British Empire and Dutch settlers fought for control of the country and its riches.
6) true – that one of the bloodiest battles was in 1900, when the two sides fought on a hill called Spion Kop.
7) c) (the term 'Kop' was used [...] to talk about hills – [...] many stadiums rise from the ground almost as hills.

Seite 50
Aufgabe 4: Wortschatz
Prepositions
1. for
2. in
3. with
4. about
5. at
6. off

from wird nicht benötigt

Seite 51
Lösungsvorschlag:
1. meet
2. watch
3. game/match
4. players
5. sing
6 sad

Seite 52
Aufgabe 5: Schreiben
Lösungsvorschlag:

Hi Peter,

I'm good and I hope you (and Sue) are too!
Dance lessons are quite popular in Germany, but rugby or netball are not. We have many sports on TV besides football – like basketball, ice-hockey or field hockey. Personally, I love watching most winter sports and I always watch the Olympics – I don't like swimming so much, but you also asked about handball. This is quite big in Germany and my hometown has its own team. When we do sports, we go to local teams and clubs, so we don't do our sports activities in school, apart from PE of course.
Biathlon is big in the winter and the German team is quite good – I like watching it!

Thanks for your message
See you

TRANSKRIPTE

B Angeleiteter Test 2 – School and Free Time

Seite 61
Track 7: Announcements
1.
The train arriving at platform 4 is the 9:30 service for London, Charing Cross Station. Passengers for Brighton, the Midlands and all stations north of London need to change at Orpington. Please make sure you do not leave any personal belongings at the station.

2.
Take an open-top bus tour round the most famous sights in London. See the Tower of London, the famous Tower Bridge, Buckingham Palace and many other sights. Tickets cost just 11 pounds for adults and 8 pounds for children under 14. Tours leave every half hour from the bus-stop at Trafalgar Square and last around two hours.

3.
There will be an audition for the new school play, *Romeo and Juliet,* in the main hall next Tuesday at 4 o'clock. Anyone interested in taking part in the play should attend, including pupils interested in helping with lighting, costumes and making props for the performance.

4.
Paul Winterton and Scott Riley from form 11CH should come to the head teacher's office at once.

5.
Passengers for British Airways flight number 637 to Majorca should now make their way to Departure Gate 10. We apologise for the delay which was due to poor weather in Spain. The flight is running approximately 45 minutes late.

Seite 62
Track 8: The Hayesbrook School

Speaker 1: Welcome to The Hayesbrook School for boys, Tonbridge. Our school has about 900 students aged 11-18. Girls are admitted to the Sixth Form at the age of 16+. We're very lucky to have a modern school building with excellent facilities for all subjects.

Speaker 2: The school day starts at 8:40 with registration and assembly and finishes at 3 o'clock. We have a five-period day. Each lesson is an hour long. There is a 25 minute break between periods two and three and a lunch break from 1:15 to 2 o'clock. The last lesson is from 2–3 o'clock. On Tuesdays there is an enrichment hour which means that school finishes at 4 o'clock.

Speaker 3: The Hayesbrook School is a successful Specialist Sports School. We have outstanding facilities for PE lessons and many sports clubs and activities. At our school sport is used to motivate and interest students. Some of our students are Sport Leaders and organise sporting events for children from other schools in the area.

Speaker 4: The Hayesbrook School in involved in a large number of international projects and trips abroad. We currently have partner schools in France, Germany, Spain, Thailand, the Gambia and South Africa. We have organised trips to these schools and also welcomed teachers and students here in Tonbridge. Throughout the year, a number of international days are organised which are always great fun for teachers and students. In August 2007, The Hayesbrook School received the International School Award.

Speaker 5: All the students are expected to wear the school uniform. It consists of a white shirt, a dark blue pullover with the Hayesbrook Logo, the school tie, dark grey or black trousers and plain black shoes. In the summer, students should wear a Hayesbrook polo shirt and a Hayesbrook baseball cap. Jeans and leather jackets, hooded sweatshirts, boots or trainers are not allowed. Boys are not allowed to wear rings or personal jewellery. Students may wear one plain gold or silver stud earring. No other form of earring or body piercing is allowed.

LÖSUNGEN

Seite 61
Aufgabe 1: Announcements
1. 4
2. 11
3. next Tuesday, 4 o'clock
4. head teacher's office
5. poor weather

Seite 62
Aufgabe 2: Welcome to the Hayesbrook School
1. boys
2. one hour/60 minutes
3. France, Germany, Spain, Thailand, the Gambia and South Africa
4. jeans, leather jacket, hooded sweatshirts, boots or trainers; no rings or personal jewellery, no body piercing *(falsch:* plain gold or silver stud earring)

Seite 65
Aufgabe 3: Leserverstehen
ProActive Adventure
Headings:
1. Who and where we are
2. Accomodation
3. Activity sessions
4. On-site activities
5. Outdoor activities
6. For extra-wet adventures
7. Contacts

Answers:
1. false because the text says the centre is an outdoor activity centre.
2. true because the text says they are professionally qualified and widely experienced leaders.
3. b) Handicapped people can stay at the centre but only up to a defined number because the text says the centre has handicapped facilities but only for limited numbers.
4. It has room for 72 visitors./They offer many on-site activities at places like the Climbing & Abseiling Tower, the BMX circuit, the High Ropes Course and the archery range.
5. true because the text says that you can enjoy outdoor activities such as hill walking, mountain biking, rock climbing and abseiling and you can explore nearby lakes, rivers and canals.

Seite 67
Aufgabe 4: Wortschatz
School exchange
1. from
2. with
3. to
4. by
5. for
6. about

Seite 68
School exchange – what to do
Lösungsvorschlag:
cinema, visit city, go to a museum, shopping centre, swimming pool, castle, cathedral, sport event, theatre, bonfire

Aufgabe 5: Schreiben
Lösungsvorschlag:

Hello Nick,

Thank you for your letter. I'm very nervous about the exchange. I've never been to England.
I like dogs. We have a dog, too. His name is Teddy. He is very old.
You asked about my school. I go to Heinrich-Heine-School. It's a big comprehensive school. There are over 1000 pupils. School starts at 7:45 and finishes at 15:30. On Mondays and Fridays we finish earlier. Our lessons are 45 minutes long.
I'm good at Technology, P.E and English. My favourite subject is P.E. because it's fun. The teacher is really cool.
In my free time I play football, watch TV or play on the computer. What do you do in your free time?
You asked about food. I like pizza, burgers and chips. I don't like fish.

Well, that's all for today.

Yours,
Carsten

TRANSKRIPTE

B Test 3 – The Media

Seite 77
Track 9: Welcome to the AMC Theater
1.
Welcome to the AMC Theater near you. Here is the schedule for the next hour: "Aliens in the Attic" starts at 8 o'clock in Cinema 2. "Julie and Julia" is shown at the same time in Cinema 4. In Cinema 5 we will be showing "The Soloist" at 8:30.

2.
Why not take a snack in with you and make yourself feel at home? At the food bar, we have a wide variety of snacks and drinks and our friendly staff is more than happy to serve you. A bag of popcorn costs $5.75 for a regular size and $6.75 for a large bag. Hot-dogs are available at $5 and soda at $3.50 for a regular size and $4.50 for a large drink.

3.
Please remember that "The Firm", which is on in Cinema 7 at 8:45, has an R-rating. You will not be permitted into the cinema if you cannot prove your age.

4.
For friends of the world down under we recommend the special viewing of the famous 2008 epic "Australia" with Hugh Jackman and Nicole Kidman in the lead roles. Please remember that the film is shown in two parts as it is 166 minutes long.

5.
On Sunday, there is a special price for all children and teenagers for the 3 o'clock performance. Tickets go at only $4. That's right, $4 for any 3 o'clock film! Don't miss it!

Track 10: Cyber-bullying: One teenager's experience
Sanjit: It was terrible. I remember when it started. By the end of the week I had no friends. No one in my class would talk to me, and I didn't know how to help myself.
Reporter: Someone – probably from Sanjit's class – had created a social network account in his name and faked all sorts of photos – even nude photos with his face photoshopped onto them – that made him look like some kind of weird exhibitionist.
Sanjit: That's how it all started. I felt like I was being hated by everyone. I didn't want to talk to anyone about it. I didn't know how to. I just wanted it to go away.
Reporter: Sanjit's whole life became disturbed.
Sanjit: I started hating myself. I just wanted to die. I'd had a nice life before, at home with my younger sister and little brother. My Dad worked at the airport, and all our neighbours knew us. I played football with the other kids, and I was in the junior cricket team. But even that got worse a month later when a kid from my class joined the team.
Reporter: And then their cricket coach saw that Sanjit's performance had simply collapsed. He'd been coming on well as a batsman, and the coach realized there must be something wrong in the boy's life.
Sanjit: So our coach asked me what was bothering me, and I just got mad and told him everything.
Reporter: And then the outside things changed very quickly. The coach knew a lot of the teachers at Sanjit's school, and the social media site was immediately stopped. The school had specially trained teachers for cyber-bullying. They knew, however, that the real problem was inside the kids' heads and feelings.
Sanjit: One of the teachers talked to me about how to face up to that sort of thing. But I still couldn't get right away from it. People remembered, and so did I. And I didn't want to feel I was being protected.
Reporter: Cyber-bullying has become a common experience for teenagers. At Sanjit's school not only teachers but also students are trained to become "cyber-mentors", to help people who are being bullied in the social networks.
Sanjit: It took quite a long time, but gradually most things got back to normal. Some kids still didn't seem to like me, and I had my suspicions. But I was one of the best in the class and in the end I just left it – and them – behind.

LÖSUNGEN

Seite 77
Aufgabe 1: Welcome to the AMC Theater
1. 8 o'clock
2. $6.75
3. "The Firm"
4. 166 minutes
5. Sunday

Aufgabe 2: Cyber-bullying
Lösungsvorschlag:
1. a) He was cyber-bullied but he got over it.
2. b) Someone at his school set up a social media account in his name and created fake images of his face on various other naked images.
3. Sanjit's whole class took part in bullying him.
4. Sanjit hated himself and wanted to die.
5. Even in his cricket team it got worse when someone from his class joinded the team.
6. c) He told his cricket coach and the school had the social media site removed.
7. Everyone had seen the pictures and remembered them.
8. Many teeangers today have experienced cyber-bullying.
9. They help others who are bullied online.

Seite 79
Aufgabe 3: Leseverstehen
Teens in Great Britain and their phones
Lösungsvorschlag:
1. false, because the text says that they are getting younger (1/3 is 6 or younger)
2. extreme use, cyber-bullying, money games
3. c) The text says cyber-bullying is more likely to occur if a teenager spends a lot of time online.
4. false, because the text says that grown-ups react less to stress and feel more secure.
5. true, because the text says they seem not to know how to handle these media.
6. c) Parents should teach them about the dangers of the internet and social media and how to react to them.
7. *Lösungsvorschlag:*

Life is more than just about likes and followers and phone use can be addictive.
Oder: Immense phone use can lead to bullying, losing money and self-esteem problems.

Seite 81
Aufgabe 4: Wortschatz
Statistics
1. everyone
2. two thirds
3. about a quarter
4. a big majority
5. less than half
6. just over half
7. a very small minority

Seite 82
Things to do
Lösungsvorschlag:
1. buy
2. likes/loves/enjoys
3. plays/works
4. plays
5. watches
6. reads
7. goes

Seite 83
Aufgabe 6: Schreiben
Lösungsvorschlag:

To:	Rachel.Tacker@BTF.nz

Dear Ms Tacker,
My name is Alex and I live in Cologne, Germany. I was born on 5th March, 2006, and am 16 years old. I am writing to you in order to apply for a position as a volunteer at the Bouncing Rhythm Festival in Wanaka. I am about to graduate from the Erich Fried Comprehensive School and will do a gap year before starting my apprenticeship next year. My English skills are good, as I watch movies and series in English. I also like to travel and follow YouTube stars from the UK and the USA, which both help my English.

In my free time I like to play football and handball, watch series and meet with friends. Especially the practice sessions of my two sports teams show me how important it is to be a team player, and I like spending time with my teammates.

To work at the festival in Wanaka, I am very interested in helping at the campsites and supervising visitors with any problems or questions they have. I could also think of helping with customer service or even managing other staff.

I am interested in your Festival for many reasons. I have never been to New Zealand before but I am going to visit Australia this autumn. I like music and live acts and would like to help with that and, if possible, see some of the DJs myself. Many of my friends have big holiday plans for the summer or will start with their apprenticeship right away, but I want to experience something new and work on my English because I think it could be useful for my job later on.
I have experience as a coach for younger players in my sport teams and I also helped with our club's sports events. Planning the events, working out time schedules and refereeing were only part of my job there. I don't have much experience with music festivals, but I would like to see what it is like.
I think I could be a good help for your Festival.

I look forward to hearing from you soon.

Yours sincerely,

Alex Winterhage

TRANSKRIPTE

B Test 4 – The world of work

Seite 91
Track 11: Radio adverts
1.
There is a vacancy for an electrician with a local building company. Hours are flexible but you need to be able to work nights and some weekends. The salary is £30 per hour with a guaranteed minimum of £600 per week.

2.
Clark's shoe shop in Foster Street, Liverpool is looking for staff. The shop is open every day from 9 a.m. – 5 p.m. and applicants would have to be available to work on Saturday mornings.

3.
There is a vacancy for a trainee plumber at our branch in Swindon. The successful applicant should have completed secondary school with good results in Maths, Science and Technology. The training course will last two and a half years. There is a possibility of a permanent job at the end of the training.

4.
We are looking for an assistant for our animal shelter in Canterbury. Formal qualifications are less important than an interest in and a love of animals. Many of our animals have been badly treated and need patience and understanding.

5.
Thomas Cook's main office in Manchester is looking for a new employee. The job involves dealing with questions from the public about special offers and occasionally speaking to our Frankfurt office, so an ability to speak German would be an advantage.

Seite 92
Track 12: Where do they work?
1.
Customer: Excuse me, do you have these in size 16?
Shop assistant: We do, but only in black, I'm afraid.
Customer: No, I don't really like black.
Shop assistant: What about these shirts? They are very fashionable and I think they would suit you very well.
Customer: I'm not sure.
Shop assistant: Would you like to try one on? The changing cubicles are over there.

2.
Waitress: Would you like to sit indoors or out in the beer garden?
Customer: We'd rather sit outside.
Waitress: Here you are.
Customer: Thank you.
Waitress: What would you like to drink?
Customer: We'll have a pint of beer and a glass of red wine, please.

3.
Travel Agent: Where would you like to go?
Customer: Somewhere warm, perhaps Spain or Italy.
Travel Agent: For how many people?
Customer: Two adults and two children.
Travel Agent: Would you like to stay in a hotel or in a holiday apartment?
Customer: We'd prefer a hotel. It needs to be child-friendly.
Travel Agent: Half board or all inclusive?
Customer: All inclusive, if possible.
Travel Agent: How much are you prepared to spend?

4.
Mechanic: Tucker & Son, John Mitchell speaking.
Customer: Hello, Mr Mitchell, Susan McLaren here. My car is due for a service. Could you fit it in some time next week?
Mechanic: Let me see, ... Tuesday or Wednesday morning.
Customer: Wednesday would be lovely.
Mechanic: Is 8:30 OK?
Customer: That'll be fine. Could you check the tyres, please? I think I'll need new ones.
Mechanic: No problem. That was a Renault Megane, wasn't it?
Customer: That's right. Oh, and the headlight on the driver's side isn't working.
Mechanic: We'll fix it.

5.
Nurse: Good morning. How are you feeling today?
Patient: A little better, I think.
Nurse: That's good to hear. The doctor will want to see you quite early this morning. So it would help if you could have breakfast straight away.
Patient: OK.
Nurse: I'd need to take your blood pressure and the temperature first. And here are your tablets.
Patient: Right, thank you.

LÖSUNGEN

Seite 91
Aufgabe 1: Radio adverts
1. electrician
2. £30
3. shoe shop staff
4. 9 a.m. – 5 p.m. every day and Saturday mornings
5. in Swindon
6. two and a half years
7. an assistant in an animal shelter
8. an interest in and a love of animals
9. in Manchester
10. an ability to speak German

Seite 92
Aufgabe 2: Where do they work?

Conversation 1	clothes shop
Conversation 2	restaurant/pub
Conversation 3	travel agency
Conversation 4	garage
Conversation 5	hospital

Seite 93
Aufgabe 3: Leseverstehen – Work experience
A Difficult Start
1. He woke up too late / had no breakfast / it was raining / two roads were blocked / he missed the bus in Newport
2. false, because the text says: Julie was really nice and from then on the day turned around for him.
3. c) is correct, because the text says that there was a change and the bus left at Stand 1.
4. positive, because the text says that it was really interesting what he had to say.
5. easy, because the text says that Richard gave him a lift.
6. tired; b) go to bed immediately.

Seite 95
Aufgabe 4: Wortschatz
A careers adviser's report
1. likes
2. thinks
3. good
4. prefers
5. isn't interested
6. doesn't mind

Personality traits
Lösungsvorschlag:
friendly, helpful, reliable, flexible, interested, polite, punctual, sociable, caring, patient, responsible, hard-working, open-minded

Seite 96
Aufgabe 5: Schreiben
Lösungsvorschlag:

Hi Jo,

Thank you for your letter. You wanted to know about my work experience.
I did my work experience last year. I worked in a kindergarten for three weeks. It was great! I really liked it there. Everyone was very nice to me and I learned a lot. I played with the children and I read them stories. I also helped to put them to sleep in the afternoon and to get them dressed.
I would like to work in a kindergarten, because I'm really good with children and I like working with people. I'm helpful and reliable. Of course, I want to earn good money but in my opinion, it's important that you like your job.
Tell me about your work experience and about your careers interview.

I have to go now. Write back soon!

Yours,
Sabrina

TRANSKRIPTE

B Test 5 – One Country, Different Cultures

Seite 103
Track 13: Different people

Speaker 1: Is Fort Wayne a multicultural place?
Victoria: I don't know. There are a lot of Hispanics there and some Asian people, too.
Speaker 1: And what about your school?
Victoria: Well, there are some students from different ethnic groups, mainly from Asia but there aren't very many of them. The vast majority of students at my school are White Americans.
Speaker 1: How come?
Victoria: I guess it's because we are a Christian School. Religion is very important at my school.
Speaker 1: So, are all of your friends White Americans?
Victoria: Yes, they are. I don't really have much contact with people from different cultural backgrounds. There aren't really any in my neighbourhood.
Speaker 1: This seems very unusual. We all think of America as a multicultural country.
Victoria: Well, it is! We are a nation of immigrants! My family originally came from France.
Speaker 1: Is it true that there are Amish people near where you live?
Victoria: Yes, there is quite a big Amish community.
Speaker 1: What do you know about them?
Victoria: Well, they are very simple, humble people. They don't use any electricity and they don't drive cars. They grow most of the food they use by themselves. Also, they don't buy any clothes. They make their own clothes.
Speaker 1: Really? That's incredible!
Victoria: Isn't it? They are very good craftsmen. They even make their own furniture.
Speaker 1: How do they get on at school?
Victoria: They don't go to a normal school. They have their own schools. And they don't go to school for long. They leave school much earlier than we do.
Speaker 1: Why is that?
Victoria: To them, education is not as important as work and religion. They are very religious and hard-working people. They can all make things.
Speaker 1: Do you have a lot of contact with them?
Victoria: No, but we see them around. They keep to themselves. When the German exchange came over last year, we visited an Amish family with the German students. They gave us a meal and after the meal they invited us into their house.
Speaker 1: Wow, that must have been an interesting experience!
Victoria: It was. Their house, their whole life is very different from ours.
Speaker 1: Would you like to live in an Amish community?
Victoria: No, I couldn't. I would be absolutely useless. I can't make anything by myself. Also, their life is much harder than ours because they still live in a very traditional way.
Speaker 1: Don't you like traditions?
Victoria: Yes, I do but those aren't my traditions. But I like the fact that they value their traditions. Most Americans just want to move on with the times and they forget their traditions but the Amish people wouldn't do this.

Seite 105
Track 14: Hip hop
1.
Hip hop is a type of music which started in the 1970s in Black communities in big cities of the United States. Hip hop uses a style of singing called rapping. Rapping is a style of singing in which a singer says words with a rhythm and rhymes. Hip hop songs are often about the life of African-American people in the big cities. Some hip hop song lyrics are about gangs, violence, and drugs. Hip hop music also uses musical styles from pop music such as disco and reggae.

2.
Hip hop as a culture involves hip hop music, baggy clothes with Timberland leather work boots, break-dancing and a type of street art which is called graffiti. In the 2000s, hip hop music and hip hop culture are very popular all over the world. Many of the popular hip hop musicians use nicknames such as Snoop Dogg, Jay-Z, and 50-Cent. One of the best known German rappers is Bushido.

3.
Hip hop is the way we talk, the way we act, our fashion, our lifestyle, and our people. It's the culture of the streets. Hip hop is NOT a music genre. Rap is something you do, hip hop is something you live. Rap is just a part of hip hop.

4.
To me hip hop is dying, or possibly is already dead ... What you hear on MTV or radio is not real hip hop because the songs don't mean anything. You don't see much graffiti art in their videos. These rappers are destroying the meaning of hip hop.

5.
It's just not my kind of music or even culture. To me, hip hop culture is pretty violent. There are a lot of gang fights and there is the drugs problem, too. Many people like hip hop because they think it's cool and they want to be cool themselves.

LÖSUNGEN

Seite 103
Aufgabe 1: Different people
1. c) Hispanics
2. c) only a few
3. a) a church school
4. France
5. electricity, cars
6. food, clothes, furniture
7. a) their religion and work
8. b) because she visited an Amish family once
9. c) she couldn't live like them
10. good (andere positive Antworten möglich)

Seite 105
Aufgabe 2: Hip hop
1. true
2. false
3. true
4. true
5. false

Seite 106
Aufgabe 3: Leseverstehen
1. b) His flight takes so long.
2. true: But my mother convinced me to join them.
3. Last family trip / good for his English skills / that season is beautiful
4. false: it was only around 17 degrees
5. c) Cook Strait
6. Thomas liked the studios because you can do workshops and see original material
7. false: Never in my life have I been in a museum like this: it is so interesting.

Seite 108
Aufgabe 4: Wortschatz
Which word is right?
1. multicultural
2. life
3. immigrants
4. refugees
5. respect
6. minorities
7. Easter break on the other side of the world

Between two cultures
Lösungsvorschlag:
1. born,
   come/came/are/were
2. home
3. strict
4. like/love
5. glad/happy/proud

Seite 109
Aufgabe 6: Schreiben
Lösungsvorschlag:

Hi Noah,

My name is Arthur and I am in year 10 at the Else-Lasker Comprehensive School in Germany. I read your e-mail and I hope my answers will help you with your project.

Our school has a good mix of people of German and non-German origin. In my class we are 27 students and around 12 have parents who were not born in Germany. Most of them, I think, speak a mixture of German and their parents' language at home. In my class, that would be either Turkish, Arabic or Polish, as most of the families come from Turkey, Poland or Syria. I think it can be hard to grow up speaking two languages, because maybe you feel you do not know where you belong. But it can also be good because you learn about two cultures easily. It's funny that you ask about changes in my use of German, because it definitely influences it. Sometimes we use Arabic and Turkish words when we are upset or when we are in a fight. It's important to know some of those words, otherwise when the others say them in class you simply don't know what's going on. But other than that, I don't know too much about my classmates' culture.

My school has different ways of helping non-native speakers. Depending on your level of German, you become part of the "International class" in order to simply learn German. Every day they have 2 lessons in German and then just a bit of English, Maths or Science. When your German is better, you become part of a "normal" class and the teachers help you at first by giving you easier tasks. It's also possible to get extra lessons to repeat the week's lessons. In the end most people get up to the level of native-speakers. Two of my friends were born in Turkey but grew up in Germany, and you can't see any difference between their German and mine.

I hope this helps you with your questions.

Take care

Arthur

Test 6 – Zentrale Prüfung 2021

TRANSKRIPTE

Seite 115
Hörverstehen Teil 1

Track 15: Top travel tips for Ireland

Hey, fellow travellers! I'm Nancy from the US, and thanks for listening to my latest episode from my travel blog: NANCY TRAVELS THE WORLD. This week, I'm in Ireland.

Tip 1
Now one reason why tourists love Ireland is because people speak English here. If you've learnt English at school, you won't have major problems. However, some things may be hard to understand, at least for me as an American.

Tip 2
When tourists come to Ireland, they nearly always come to Dublin first. It's the only city on the island with a population of more than a million people, but thinking Dublin is Ireland is a big mistake. This country has so much more to see. The countryside is beautiful: from the most western point of mainland Europe on the Atlantic Coast, to the Wicklow Mountains where you can go rock climbing, trekking and fishing.

Tip 3
Now don't freak out because of the prices in Dublin. It's one of the most expensive capitals in the world. You'll probably have to pay at least 20 euros for a meal or around 6 euros for a sandwich. But don't worry: prices outside Dublin are a lot cheaper.

Tip 4
The best way to travel around the country is probably by bus, but don't panic if your bus driver starts driving and you think, "Oh my God! He's driving on the wrong side of the road!" The Irish drive on the left. So if you rent a car, be careful and don't drive too fast on Ireland's narrow country lanes.

Tip 5
If you travel to Cork, you must visit Blarney Castle, one of Ireland's greatest treasures built in 1446. Legend says if you kiss the Blarney Stone – a rock in the castle wall – you'll be able to communicate so much better and you'll never be lost for words!

Tip 6
But wherever you go, don't forget to take a break in the afternoon and have a good old 'cuppa'. Irish people just love their afternoon tea and biscuits. I learned from the Irish that 'having a cuppa' means so much more than the words. You sit together with other people, you drink tea, you talk, and you learn about each other.
So that's all from me this week! Enjoy your trip to Ireland and check out my next travel blog which is from Norway.

Seite 117
Hörverstehen Teil 2

Track 16: Welcome to the world of work
Sadie: Hello and welcome to this week's jobcast with me, Sadie O'Brien. Like every week, I want to present job opportunities in and around Dublin. My guest today is job expert Amanda Swinton. Good morning, Amanda.
Amanda: Morning, Sadie. It's nice to be here.
Sadie: So, Amanda, tell us something about yourself first.
Amanda: Well, I have been working in Dublin for many years as a career adviser. I specialize in working with young adults and help them find their way into the working world. I'm often invited to schools to train students how to search for a job and how to apply for it. But I also inform students about part-time jobs so that they can check out different fields of work. And that's why I'm here today! I've got two nice job offers that are worth applying for.
Sadie: Sounds good. What do you have for us?
Amanda: Well, a casting agency from Dublin called MovieExtras is looking for extras. Extras are the people you see in the background of a film. They don't have any dialogue. The casting agency needs people who want to take part in a Hollywood production that is filmed in the Wicklow Mountains, south of Dublin. For this film they want extras for a market scene.
Sadie: What kind of people are they looking for?
Amanda: They need people who look different – all shapes and sizes, young and old. You don't have to look like a super model to be an extra! You can apply online. You must fill in a CV and give information about your looks. Then the company will invite you to a professional photoshoot.
Sadie: Sounds exciting! What other jobs do you have for us this week, Amanda?
Amanda: How do you like the sound of being a tour guide in a chocolate factory?
Sadie: Oh! Do I get to eat lots of chocolate?
Amanda: I'm sure you can have a bite or two. Burnley's chocolate factory, one of Ireland's biggest producers of chocolate, is looking for young people who can show visitors around its factory in Dublin. The job will be to lead visitors through the exhibition area and also show them the different steps of chocolate making – and of course, how they can create their very own chocolate bar!
Sadie: Sounds interesting as well!
Amanda: Yeah, it's a flexible part-time job, with just 20 hours per week, so it's ideal for students. People who are interested can expect a friendly place to work and get 11 euros an hour, which is above the minimum wage, so that's good.
Sadie: So, we have movies and chocolate tours this week. Thanks for coming in today, Amanda, and telling us about these unusual jobs!
Amanda: It was a pleasure to be here.

LÖSUNGEN

Erster Prüfungsteil: Hörverstehen

Seite 115
Hörverstehen Teil 1

Aufgabe	Lösungen	Punkte	OK?
1	a	1	
2	b	1	
3	c	1	
4	a	1	
5	b	1	
6	b	1	
Gesamtpunktzahl		**6**	

Seite 117
Hörverstehen Teil 2

Aufgabe	Lösungen	Punkte	OK?
1	b	1	
2	a	1	
3	b	1	
4	c	1	
5	c	1	
6	b	1	
Gesamtpunktzahl		**6**	

Punkte Hörverstehen Teil 1 und Teil 2 gesamt: 12

Seite 118
Zweiter Prüfungsteil:

Leseverstehen – Wortschatz – Schreiben
Leseverstehen

Aufgabe	Lösungen	Punkte	OK?
1	false "It is very important that you help your friends during the course."	2	
2	true "You will be running, climbing and swinging your way through the course with friends or family."	2	
3	a "In the summer months, when wetsuits are not necessary, bring old clothing."	2	
4	true "It's popular with schools, youth groups and summer camps."	2	
5	true "Our activities are about meeting challenges, working as a team, becoming more self-confident and doing lots of things you can't do at school.'	2	
6	b "We will show you how to make a fire, using only the materials you find in the woods."	2	
7	b "And best of all – you get to jump into the Atlantic Ocean at the end of the trail!"	2	
8	false "You can combine River walking with kayaking and get a free barbecue on the beach afterwards."	2	
Gesamtpunktzahl		**16**	

Seite 122
Wortschatz Auswahl 1
Teil 1

Aufgabe	Lösungen	Punkte	OK?
1	digital	1	
2	surf	1	
3	stranger	1	
4	accept	1	
5	personal	1	
6	profile	1	
Punkte		**6**	

Seite 123
Teil 2
Lösungsvorschläge:

Aufgabe	Lösungen	Punkte	OK?
1	teacher(s) / family / parents / friend(s) / ...	2	
2	bully / harm / frighten / insult / annoy / ...	2	
3	bad / mean / unfair / nasty / hurtful/ ...	2	
4	strong / safe / long / complicated / secure / ...	2	
5	send / give (out) / show / ...	2	
6	help / support / advice / ...	2	
Punkte		**12**	

Punkte Wortschatz Teil 1 und Teil 2 gesamt: 18

Seite 124
Schreiben Auswahl 1

Lösungsvorschlag:
Many people have their mobile phones with them all the time, but should they be used in school?
In Germany, every school has its own rules, but normally there is a big difference in using phones in class or on a school trip. In my school you mustn't use your phone in class or during breaks. When we are on a trip, our teachers want us to have our phones, but we should only use them in our breaks.
I think students learn better without mobile phones lying next to them. If teachers allow you to look up words or facts, phones can be very useful, but I think at other times there is no reason to use them. Schools are usually a safe space and teachers will help if there is a dangerous situation. When school is over, you can turn your phone on and chat or listen to music just as you please.

Seite 125
Wortschatz Auswahl 2
Teil 1

Aufgabe	Lösungen	Punkte	OK?
1	steps	1	
2	produce	1	
3	water	1	
4	second-hand	1	
5	protect	1	
6	vegetarian	1	
Punkte		**6**	

Seite 126
Teil 2
Lösungsvorschläge:

Aufgabe	Lösungen	Punkte	OK?
1	fresh / clean / cool / ...	2	
2	Hand in / Share / Send / ...	2	
3	light(s) / screen(s) / computer(s) / whiteboard(s) /...	2	
4	put up / create / hang up / post / ...	2	
5	(lunch) box / bowl / container / ...	2	
6	active / interested / motivated / like-minded / ...	2	
Punkte		**12**	

Punkte Wortschatz Teil 1 und Teil 2 gesamt: 18

Seite 127
Schreiben Auswahl 2
Lösungsvorschlag:

Hi Clive,

Here is my idea for our "going green" day: it has to do with plastic I have already talked to my teacher about having one classroom in our school that has no plastic in it. I call it "Learning plastic-free".
The plan is that the whole class will take part and get everything made of plastic out of our classroom. We want to start in 2 weeks, but we have to start with ourselves first – no more plastic bottles, rulers or pens. It's tougher than you think. What we need now is ideas what to use instead ...
But I hope this project makes us all see how much plastic is around us, how much trash we produce and where it mostly ends up – in the natural environment. Did you know that there is a trash island in the ocean? And the micro-plastic gets into the fish we eat? I hope this project will make us change our behavior in future.
Let me know what you think about it.

Take care

David